农业科技期刊编辑出版理论与实践

翁志辉◎著

中国农业科学技术出版社

图书在版编目（CIP）数据

农业科技期刊编辑出版：理论与实践／翁志辉著．—北京：中国农业科学技术出版社，2021.3

ISBN 978-7-5116-5210-2

Ⅰ.①农… Ⅱ.①翁… Ⅲ.①农业科学-科技期刊-编辑工作-研究-中国 ②农业科学-科技期刊-出版工作-研究-中国 Ⅳ.①G237.5

中国版本图书馆CIP数据核字（2021）第033854号

责任编辑	穆玉红　褚　怡
责任校对	李向荣
责任印制	姜义伟　王思文

出 版 者	中国农业科学技术出版社
	北京市中关村南大街12号　邮编：100081
电　　话	（010）82106626(出版中心)　（010）82109702(发行部)
	（010）82109709(读者服务部)
传　　真	（010）82106626
网　　址	http://www.castp.cn
经 销 者	各地新华书店
印 刷 者	北京建宏印刷有限公司
开　　本	710mm×1 000mm　1/16
印　　张	11.5
字　　数	210千字
版　　次	2021年3月第1版　2021年3月第1次印刷
定　　价	45.00元

◆◆◆◆ 版权所有·翻印必究 ◆◆◆◆

目 录

第一章 我国科技期刊的发展 (1)
- 第一节 我国科技期刊发展概况 (1)
- 第二节 我国农业科技期刊发展 (3)
- 第三节 福建省科技期刊发展状况 (13)
- 第四节 我国台湾地区的科技期刊 (23)

第二章 农业科技期刊的策划 (27)
- 第一节 科技期刊的和谐出版 (27)
- 第二节 科技期刊的品牌建设 (32)
- 第三节 科技期刊的扩版策略 (36)
- 第四节 农业科技期刊的栏目设置 (41)
- 第五节 农业科技期刊的组稿策略 (43)
- 第六节 农业科普期刊的发展定位 (47)

第三章 农业科技期刊的审稿 (54)
- 第一节 农业科技期刊审稿环节的优化 (54)
- 第二节 参考文献在审稿中的应用 (59)
- 第三节 网络数据库在审稿中的应用 (62)
- 第四节 网络平台在防范学术不端中的应用 (68)

第四章 农业科技期刊的编辑加工 (75)
- 第一节 农业科技期刊编辑加工的"度" (75)
- 第二节 题名的编辑加工 (78)
- 第三节 摘要的编辑加工 (82)
- 第四节 文字的编辑加工 (85)

第五章　科技期刊的评价 ……………………………………（90）
第一节　我国自然科学核心期刊评价体系现状 ……………（90）
第二节　农业科技期刊不同来源影响因子的选择 …………（95）
第三节　农业科学类中文科技期刊影响因子比较分析 ……（106）

第六章　农业科技期刊数字化 ……………………………（120）
第一节　我国科技期刊集群数字化建设现状 ………………（120）
第二节　农业科技期刊数字化系统构建实践 ………………（126）
第三节　农业科技期刊网络传播的实证分析 ………………（140）

附录　我国农业科技期刊名录 ……………………………（153）
后记 ………………………………………………………………（179）

第一章 我国科技期刊的发展

第一节 我国科技期刊发展概况

科技期刊传承人类文明，荟萃科学发现，引领科技发展，直接体现国家科技竞争力和文化软实力[①]。科技期刊作为科研工作的"龙头"和"龙尾"，是科研成果集中记录和交流传播的基本载体，是原始创新的重要平台，是发现和培养科技人才的重要手段，也是国家科技软实力的重要标志，在推动科技创新和国家创新体系建设中发挥着十分重要的作用[②]。改革开放42年来，我国科技期刊业发生了天翻地覆的变化，取得了巨大的成就。尤其是近年，随着国家科技投入持续加大、科研水平不断提高和出版事业的快速发展，我国科技期刊取得了长足发展，学术水平、总体质量和国际认知度不断提升，为推动我国科技发展和学术创新做出了突出贡献。目前，我国已成为科技期刊大国，但仍缺乏一批有影响力的世界一流科技期刊，在全球科技竞争中存在明显劣势。科技期刊界既要全面总结这些成就和经验，更要站在新的历史起点上融合创新，进一步破除体制机制障碍，优化生态环境，夯实进军世界科技强国的基础，为实现"两个一百年"奋斗目标和中华民族伟大复兴贡献智慧和力量（卓宏勇，2018）。

一、出版数量概况

截至 2019 年年底，我国科技期刊数量为 4 958 种（不含我国港澳台地区）。按学科分类计，基础科学类 1 022 种（其中自然科学总论 463 种，数

[①] 中国科协，中宣部，教育部，等. 关于深化改革培育世界一流科技期刊的意见（科协发学字〔2019〕38 号）. 北京：中国科协办公厅，2019-08-05

[②] 中国科协，教育部，国家新闻出版广电总局，等. 关于准确把握科技期刊在学术评价中作用的若干意见. (2015-11-11). http://www.gapp.gov.cn/news/1663/268504.shtml

理科学和化学 203 种，天文学、地球科学 248 种，生物科学 108 种），占 20.61%；医药卫生类 1 135 种，占 22.89%；农业科学类 551 种，占 11.11%；应用技术类（工业技术总论，交通运输，航空、宇宙飞船，环境科学、安全科学等）2 250 种，占 45.38%。按出版地统计，以北京市最多，共 1 625 种，占 32.78%；其他依次为上海市（355 种）、江苏省（254 种）、湖北省（208 种）、四川省（208 种）、广东省（183 种）和辽宁省（179 种）。按出版周期统计，以双月刊最多（1 924 种，占 38.81%），其次为月刊（1 840 种，37.11%）。按文种统计，中文刊 4 529 种，占 89.33%；英文刊 359 种，占 7.24%；中英双语刊 170 种，占 3.43%。英文刊主要集中在工业技术总论、医药卫生、数理科学和化学等学科，出版周期主要为季刊和双月刊[①]。

二、学术影响力概况

体现科技期刊学术影响力的指标，主要有 3 个方面：一是被国际上公认的科技期刊权威性数据库收录情况，主要包括 Web of Science（WoS）、Scopus 和 EI；二是被国内的科技期刊评价体系如中国科学引文数据库（CSCD）等的收录情况；三是入选中国科技期刊"卓越行动计划"等资助体系的情况。

WoS 是全球获取学术信息最重要的数据库，WoS 收录来自全世界最负盛名的高影响力研究期刊以及多种学术会议多学科内容。其中高影响力期刊包括自然科学（SCI）、社会科学（SSCI）和艺术与人文科学（AHCI）期刊。至 2020 年，全球 SCI 共收录科技期刊 9 000 多种，收录我国科技期刊 250 种（未含我国港澳台地区的数据）（宁笔，2020），其中位于 Q1、Q2 区的有 150 种。

Scopus 数据库由全球 21 家研究机构和超过 300 名科学家共同设计开发而成，仿照 WoS 进行构建，但比 WoS 更大、更全，是目前世界上最大的文献摘要和引文数据库，也是收录中文科技期刊数量最多的国际权威数据库。Scopus 共收录 2.4 万多种期刊。截至 2019 年 5 月，我国共有 564 种科技期刊被收录（未含我国港澳台地区的数据），其中，中文科技期刊 366 种，英文科技期刊 159 种，中英文双语科技期刊 39 种（刘静，2020）。

---

① 中国科学技术协会. 中国科技期刊发展蓝皮书（2020）. 北京：科学出版社，2018

EI（工程索引）是世界上最广泛和最完整的工程文献数据库。EI 数据库每年收录 4 000 种期刊和超过 5 000 种会议记录文献。截至 2019 年，我国共有 220 种科技期刊被 EI 收录（未含我国港澳台地区的数据）[1]。

CSCD 是我国最具权威性的科学引文索引数据库，创建于 1989 年，其内容丰富、结构科学、数据准确。2007 年起，CSCD 与汤森路透合作，与 SCI 在同一平台上面向全球提供服务，被誉为"中国的 SCI"。CSCD 已在我国科研院所和高校基金资助、项目评估、成果申报、人才选拔等多方面作为权威文献检索工具。CSCD（2019—2020 年版）共收录我国科技期刊 1 229 种（英文期刊 228 种，中文期刊 1 001 种），其中核心版 909 种，扩展版 320 种[2]。

为认真落实《关于深化改革 培育世界一流科技期刊的意见》，推动我国科技期刊高质量发展，加快建设世界一流科技期刊，夯实进军世界科技强国的科技与文化基础，2019 年，中国科协、财政部、教育部、科学技术部、国家新闻出版署、中国科学院、中国工程院决定联合实施中国科技期刊"卓越行动计划"，这是迄今为止我国在科技期刊领域实施的力度最大、资金最多、范围最广的重大支持专项。在项目设置上，该计划强调系统施策，设立领军期刊、重点期刊、梯队期刊、高起点新刊、集群化试点以及建设国际化数字出版服务平台、选育高水平办刊人才 7 个子项目，对单刊建设、刊群联动、平台托举、融合发展进行系统布局，力图多点支撑、多点协同发力。2019—2020 年，"卓越行动计划"入选项目共计 315 项，其中领军期刊 22 种、重点期刊 29 种、梯队期刊 199 种、高起点新刊 60 种（2 年）、集群化试点项目 5 项[3]。

第二节　我国农业科技期刊发展

一、我国农业科技期刊发展历史

我国农业科技期刊已有 100 多年的发展历史，为我国农业的发展和农业

---

[1] 中国知网．数据库刊源导航．https：//navi.cnki.net/KNavi/Journal.html
[2] 中国科学院文献情报中心．CSCD 中国科学引文数据库来源期刊（2019—2020）．http：//sciencechina.cn/cscd_source.jsp
[3] 中国科技期刊卓越行动计划办公室发布《关于下达中国科技期刊卓越行动计划入选项目的通知》．http：//media.people.com.cn/n1/2019/1125/c14677-31473377.html

科技进步做出了重要贡献。我国历史上第一份农业科技期刊为近代农学家罗振玉于1897年在上海创办的《农学》（后改为《农学报》），至1906年停刊，共出刊315期，持续近10年。而近现代影响力最大、出版时间最长的是中华农学会于1918年在上海创办的《中华农学会报》，至1948年共出版了190期，内容涉及农业的各个方面，民国时期农业各学科的许多著名专家学者都曾在该刊发表文章，新中国成立后，该刊改名为《作物学报》出版至今；而1949年后，该刊在我国台湾继续出版（2012年改名为《台湾农学会报》）。新中国成立之时，我国有农业期刊40种（不含我国港澳台地区数据，下同）。之后农业科技期刊的出版经历了一个从少到多和逐步配套的发展过程。在这一过程中，由于受政策环境、经济增长和科技发展的影响，曾先后出现过几次大幅度的周期性变化。期刊较多的时期分别是第一个五年计划期间、20世纪60年代中期和1978年以后。据统计，1990年，我国共有期刊5 751种，科技期刊3 520种，其中，农业科技期刊441种，占科技期刊总数的12.53%（刘世华等，1998）。2000年，我国总共有期刊8 725种，科技期刊4 449种，其中，农业科技期刊603种，占科技期刊总数的13.55%（陈烈臣等，2002）。据笔者从中国知网、国家新闻出版署网站等统计显示，2020年，我国共有农业科技期刊数量551种，占4 958种科技期刊总数的11.11%（图1-1）。

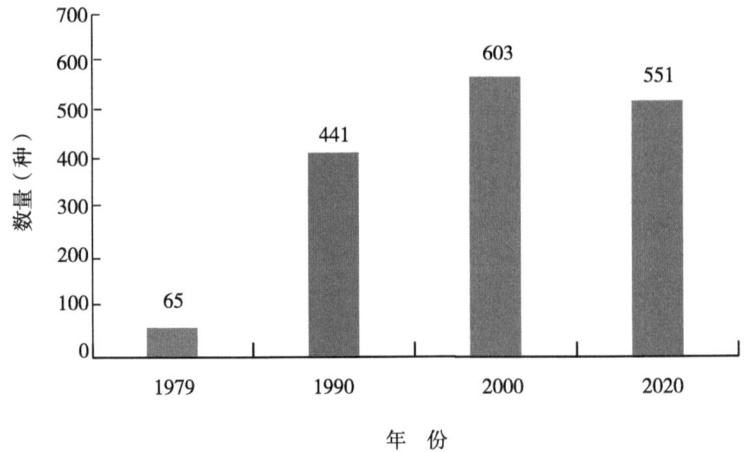

图1-1 1979—2020年我国农业科技期刊数量变化

二、我国农业科技期刊的现状

（一）学科分布

551种农业科技期刊中，综合性农业科学类163种，占29.58%；农业基础科学类22种，占3.99%；农业工程类45种，占8.17%；农艺与农作物类47种，占8.53%；植物保护类24种，占4.36%；园艺类42种，占7.62%；林学类73种，占13.25%；畜牧、蚕蜂与动物医学类103种，占18.69%；水产类32种，占5.81%。

（二）创刊年代分布

551种农业科技期刊中，1949年之前创办的有2种，20世纪50、60、70、80和90年代创办的分别有58种、29种、136种、200种和57种，其中以1979年创办的最多，当年新创办37种，其次是1985年，达33种。进入21世纪，农业科技期刊数量稳中有降，共创办新刊67种，停刊119种。

（三）出版周期分布

551种期刊按刊期划分，以双月刊数量最多，共229种，占41.56%。其次为月刊，共185种，占33.58%。季刊（99种）、半月刊（32种）、旬刊（5种）和半年刊（1种）的比例分别为17.97%、5.81%、0.91%和0.18%。

（四）文种分布

中文科技期刊502种（其中汉文488种，少数民族文14种），占91.11%，英文科技期刊30种，占5.44%，中英文双语科技期刊19种，占3.45%。

（五）主办单位分布

基于第一主办单位的统计结果显示，551种农业科技期刊中，以科研机构主办的最多，达213种，占38.66%；其中，中国农业科学院及其直属研究所主办的有41种，中国科学院（中国工程院）及其直属研究所主办的有12种，省（直辖市、自治区）级农科院及其直属研究所主办的有79种。其次为学会、协会、研究会等学术团体主办的农业科技期刊，共有131种，占23.77%。高校主办的农业科技期刊共有102种，占18.51%。农口政府部门及其直属相关事业单位（站、中心等）主办的农业科技期刊有78种，占14.16%。出版社、杂志社、报社及传媒传播文化公司等按企业化管理的机构主办的农业科技期刊共有 27 种，占 4.90%。551 种农业科技期刊中，有 202 种是由全国性科研机构、学术团体、事业单位和国家部委直属高校主办，占 36.66%。

三、我国农业科技期刊学术影响力

（一）被 SCI 收录情况

经统计，截至 2020 年 10 月，我国共有 14 种农业科技期刊被 SCI 收录，占 30 种英文版农业科技期刊的 46.67%。2009 年之前，我国仅有 3 种农业科技期刊被 SCI 收录，2010—2019 年，共有 11 种被 SCI 收录，尤其是 2017—2019 年，新增 SCI 期刊数量达 6 种。14 种 SCI 收录期刊中，位于 Q1、Q2 区的有 11 种，属于中国科学院一、二区的有 9 种，其中 4 种进入 TOP 期刊（一区），显示我国被 SCI 收录的农业科技期刊不仅数量有了长足的发展，而且质量也有不俗的表现。14 种 SCI 期刊中，有 9 种是通过与国际著名学术出版机构合作，以"借船出海"的方式出版，有 8 种期刊以开放获取（OA）形式发表（表 1-1）。

表 1-1　我国农业科技期刊被 SCI 收录情况

刊 名	ISSN	2019 年 JCR 影响因子	第一主办单位	创办年份	SCI 收录年份	年发文量	中科院分区	SCI 分区	是否 OA	合作出版商	入选中国科技期刊卓越计划
Pedosphere 土壤圈	1002-0160	3.736	中国科学院南京土壤研究所	1991	2003	69	二区	Q1	否	科学出版社	—
Insect Science 昆虫科学	1672-9609	2.791	中国昆虫学会	1994	2007	90	一区（TOP）	Q1	否	Wiley-Blackwell Publishing Ltd.	领军期刊
Journal of Integrative Agriculture 农业科学学报	2095-3119	1.984	中国农业科学院	2002	2009	268	二区	Q2	否	Elsevier BV	重点期刊
Journal of Ocean University of China 中国海洋大学学报（英文版）	1672-5182	0.802	中国海洋大学	2002	2012	161	二区	Q3	否	Springer	—

(续表)

刊 名	ISSN	2019年JCR影响因子	第一主办单位	创办年份	SCI收录年份	年发文量	中科院分区	SCI分区	是否OA	合作出版商	入选中国科技期刊卓越计划
International Journal of Agricultural and Biological Engineering 国际农业与生物工程杂志	1934-6344	1.731	中国农业工程学会	2008	2013	165	三区	Q1	是	自行出版	—
Journal of Forestry Research 林业研究	1007-662X	1.689	东北林业大学	1990	2013	228	三区	Q2	否	自行出版	梯队期刊
Journal of Animal Science and Biotechnology 畜牧与生物技术杂志	2049-1891	4.167	中国畜牧兽医学会	2010	2015	96	一区(TOP)	Q1	是	BioMed Central Ltd.	领军期刊
Horticulture Research 园艺研究	2052-7276	5.404	南京农业大学	2014	2017	134	一区(TOP)	Q1	是	Nature Publishing Group	领军期刊
Crop Journal 作物学报(英文版)	2095-5421	3.395	中国作物学会	2013	2017	78	一区(TOP)	Q1	是	自行出版	重点期刊
Rice Science 水稻科学	1672-6308	3.162	中国水稻研究所	1994	2017	43	二区	Q1	是	Elsevier	梯队期刊
Forest Ecosystems 森林生态系统	2095-6355	2.696	北京林业大学	2014	2017	51	二区	Q2	是	Springer Open	梯队期刊
Animal Nutrition 动物营养	2405-6383	4.492	中国畜牧兽医学会	2015	2019	60	四区	Q1	是	KeAi Communications Co.(科学出版社与Elsevier联合控股)	梯队期刊
Horticultural Plant Journal 园艺学报(英文版)	2095-9885	1.524	中国园艺学会	2015	2019	31	未录	Q3	是	Elsevier	—
Avian Research 鸟类研究	2053-7166	1.215	中国林业大学	2010	2015	47	三区	Q3	是	Springer	—

(二)被 Scopus 数据库收录情况

从 Scopus 官网获取数据经统计显示,截至 2020 年 10 月,我国共有 42 种农业科技期刊被 Scopus 收录,其中英文版期刊 17 种,中文版期刊 24 种,中英文双语版 1 种(表 1-2)。

表 1-2 我国农业科技期刊被 Scopus 收录情况

序号	ISSN	刊名	序号	ISSN	刊名
1	2405-6383	Animal Nutrition 动物营养	22	1001-7488	林业科学
2	2096-1758	Aquaculture and Fisheries 渔业学报(中国水产学会)	23	1001-1498	林业科学研究
3	2095-5421	Crop Journal 作物学报(英文版)	24	1002-6819	农业工程学报
4	2095-6355	Forest Ecosystems 森林生态系统	25	1000-1298	农业机械学报
5	2095-7505	Frontiers of Agricultural Science and Engineering 农业科学与工程前沿	26	1673-4831	生态与农村环境学报
6	2095-9885	Horticultural Plant Journal 园艺学报(英文版)	27	1000-1050	兽类学报
7	2052-7276	Horticulture Research 园艺研究	28	1000-0615	水产学报
8	1672-9609	Insect Science 昆虫科学	29	1009-2242	水土保持学报
9	1934-6344	International Journal of Agricultural and Biological Engineering 国际农业与生物工程杂志	30	0564-3929	土壤学报
10	2049-1891	Journal of Animal Science and Biotechnology 畜牧与生物技术杂志	31	1001-9332	应用生态学报
11	2096-5044	Journal of Cotton Research 棉花研究	32	0513-353X	园艺学报
12	1007-662X	Journal of Forestry Research 林业研究	33	1008-9209	浙江大学学报(农业与生命科学版)
13	2095-3119	Journal of Integrative Agriculture 农业科学学报	34	1008-505X	植物营养与肥料学报
14	1672-5182	Journal of Ocean University of China 中国海洋大学学报(英文版)	35	0578-1752	中国农业科学
15	1002-0160	Pedosphere 土壤圈	36	2096-6237	中国生态农业学报(中英文版)
16	1672-6308	Rice Science 水稻科学	37	1005-8737	中国水产科学
17	2053-7166	Avian Research 鸟类研究	38	1001-7216	中国水稻科学
18	1009-9980	果树学报	39	0496-3490	作物学报

(续表)

序号	ISSN	刊名	序号	ISSN	刊名
19	1001-411X	华南农业大学学报	40	1000-1522	北京林业大学学报
20	0454-6296	昆虫学报	41	1672-3317	灌溉排水学报
21	0253-2417	林产化学与工业	42	1000-369X	茶叶科学

（三）入选国内三大核心期刊评价体系情况

CSCD、《中文核心期刊要目总览》、中国科技核心期刊（中信所）是国内学术界和期刊界认可的三大自然科学类核心期刊评价体系。统计结果显示（表1-3），共有108种农业科技期刊入选CSCD（2019—2020），占总数的19.60%；共有131种农业科技期刊入选中文核心（第八版），占总数的23.77%；共有184种农业科技期刊入选科技核心期刊（2019），占总数的33.39%。从学科分类看，农业基础科学、植物保护和水产渔业3个分学科期刊入选三大核心期刊评价体系的比率较高，而农业工程、园艺学、畜牧与动物科学3个分学科期刊入选的比例较低。

表1-3 我国农业科技期刊入选中文核心、CSCD和科技核心期刊情况

学科	学科期刊数量	入选CSCD 2019—2020年版数量	占学科期刊比例（%）	入选中文核心期刊（第八版）数量	占学科期刊比例（%）	入选科技核心期刊（2019）数量	占学科期刊比例（%）
综合性农业科学	163	32	19.63	32	19.63	59	36.20
农业基础科学	22	13	59.09	11	50.00	16	72.73
农业工程	45	3	6.67	7	15.56	9	20.00
农艺学与农作物	47	14	29.79	14	29.79	21	44.68
植物保护	24	9	37.50	9	37.50	12	50.00
园艺	42	4	9.52	10	23.81	11	26.19
林学	73	12	16.44	15	20.55	23	31.51
畜牧、蚕蜂与动物医学	103	10	9.71	21	20.39	21	20.39
水产渔业	32	11	34.38	12	37.50	12	37.50
总数	551	108	19.60	131	23.77	184	33.39

(四) 入选国家科技期刊"卓越行动计划"情况

中国科技期刊"卓越行动计划"入选的农业类科技期刊共有 25 种,其中领军期刊 3 种、重点期刊 2 种、梯队期刊 14 种、高起点新刊 6 种 (表 1-4)。25 种"卓越期刊"中,英文刊有 16 种,占 64%,其中入选领军期刊、重点期刊和高起点新刊的全部为英文刊。农业类"卓越期刊"数量占"卓越期刊"总数的 8.06%,占农业科技期刊总数的 4.54%,低于全国科技期刊中"卓越期刊"的比例 (6.25%)。

表 1-4 中国科技期刊"卓越行动计划"农业类科技期刊入选项目

序号	中文刊名	主办单位	主管单位
领军期刊类项目			
1	昆虫科学 (英文)	中国昆虫学会	中国科协
2	畜牧与生物技术杂志 (英文)	中国畜牧兽医学会	中国科协
3	园艺研究 (英文)	南京农业大学	教育部
重点期刊类项目			
4	农业科学学报 (英文)	中国农业科学院	农业农村部
5	作物学报 (英文)	中国作物学会	中国科协
梯队期刊类项目			
6	动物营养 (英文)	中国畜牧兽医学会	中国科协
7	动物营养学报	中国畜牧兽医学会	中国科协
8	林业研究 (英文)	东北林业大学	教育部
9	鸟类学研究 (英文)	北京林业大学	教育部
10	农业工程学报	中国农业工程学会	中国科协
11	森林生态系统 (英文)	北京林业大学	教育部
12	生物技术通报	中国农业科学院农业信息研究所	农业农村部
13	水稻科学 (英文)	中国水稻研究所	农业农村部
14	土壤学报	中国土壤学会	中国科学院
15	园艺学报	中国园艺学会	中国科协
16	植物保护学报	中国植物保护学会	中国科协
17	植物营养与肥料学报	中国植物营养与肥料学会	农业农村部
18	中国农业科学	中国农业科学院	农业农村部
19	作物学报	中国作物学会	中国科协

(续表)

序 号	中文刊名	主办单位	主管单位
高起点新刊类项目			
20	农业人工智能（英文）	中国科技出版传媒股份有限公司	中国科学院
21	农业信息处理（英文）	中国农业大学	教育部
22	生物安全和生物安保杂志（英文）	中国科技出版传媒股份有限公司	中国科学院
23	植物表型组学（英文）	南京农业大学	教育部
24	草地，饲草和生态系统（英文）	中国草学会	中国科协
25	生物炭（英文）	沈阳农业大学	辽宁省教育厅

四、我国农业科技期刊发展特点

中华人民共和国成立70年以来，我国农业科技期刊总体上呈现出由少到多、由弱到强、由数量增长转变为质量控制的发展态势。

从1978年改革开放到20世纪末，是我国农业科技期刊快速发展的时期。在这期间共创办有300多种农业科技期刊（不包括迄今已停刊的数量），尤其是改革开放初期，是我国农业科技期刊数量增长最快时期，1978年，在改革开放的春风吹拂下，科技期刊事业迅速回到正轨，迎来了科技的春天，仅1979年就创办37种农业科技期刊。至2000年，我国农业科技期刊总数达到603种，涵盖农业各分学科，初步形成了学科门类较为齐全的农业科技期刊群。

进入21世纪，信息技术和互联网迅猛发展，网络已迅速超越传统纸质媒体成为人们获取信息的主要渠道，农业科技期刊出版也开始迈出数字化转型的步伐。这一时期农业科技期刊创办速度明显减缓，农业科技期刊由数量增长向质量优先转型，进入稳步增长阶段。这期间许多农业技术类、科普类、检索类期刊在网络化时代的竞争中处于劣势，相继停刊，农业学术类期刊则成为我国农业科技期刊的主要群体。

党的十八大以来，我国农业科技期刊稳步进入高质量发展时期。一是农业科技期刊结构优化，相继创办了一些高起点新刊和英文期刊，这些新创办的期刊主要涉及农业重点研究领域、农业生物学前沿领域，以及农业人工智能、农业生物资源利用等新兴交叉学科，尤其是英文刊的数量明显增加。二是科技期刊办刊质量稳步提升，品牌特色彰显，期刊整体学术水平和影响力指标也呈明显上升的趋势。《中国农业科学》《作物学报》等一批国内农业科技期刊相继入选国家期刊奖、中国出版政府奖、中国科技期刊"国际影响力提升计划""登峰行动计划""卓越行动计划"等。并涌现出一些国际影响力大、品牌特色鲜明的优秀科技期刊，如 Horticulture Research《园艺研究》于 2014 年创刊，2017 年即进入 SCI，2019 年影响因子为 5.404，在园艺类国际期刊中名列前茅，入选我国科技期刊"卓越计划"领军期刊；Crop Journal《作物学报》，Insect Science《昆虫科学》，Journal of Animal Science and Biotechnology《畜牧与生物技术杂志》，Journal of Integrative Agriculture《农业科学学报》等国产英文农业科技期刊也取得不俗的成绩，迈出国际化的步伐，发展态势良好。这些品牌期刊的崛起，为我国科技期刊在世界舞台上树立了崭新的形象，重塑了我国文化自信。三是农业科技期刊集约化发展、数字融合发展不断推进。在互联网背景下，信息技术、网络新媒体的快速普及，使得以数字融合发展为代表的出版业新态势成为科技期刊未来发展的重点。农业科技期刊积极探索以数字化平台为核心，不断提升集约化、集群化发展的能力，积极探索新型出版模式，充分利用新媒体满足用户的精准化需求（朱文佩，2019）。

五、我国农业科技期刊发展展望

（一）加快推进农业科技期刊国际化

近年来，一系列有关加快我国科技期刊发展的政策、资助、举措等都预示着我国科技期刊正处于前所未有的发展机遇期和加速期（任胜利 等，2020）。随着我国科研管理与评价政策对本土期刊的日益倾斜，我国农业科技期刊获取优质稿源的环境正在不断改善，英文版农业科技期刊的办刊经费已经大幅提高，尤其是中国农业大学、南京农业大学、北京林业大学等一批知名农业高校相继发力创办面向国际的英文科技期刊，英文刊不仅数量持续快速增长，国际影响力也呈快速提升的态势。今后，如何进一步提升自主办刊能力，从顶层设计的层面着力打造具有核心竞争力和国际影响力的一流科技期刊，走立足中国本土的国际化办刊道路，从"借船出海"到"造船出海"，在世界舞台上传递中国声音，对打造我国学术的国际话语权和科技期刊国际化具有十分重要的意义。

（二）建立中国特色的期刊评价体系

多年以来，我国科研体系缺乏一套适用于中国国情、高质量的科技期刊评价体系，在评价标准上"唯 SCI""唯影响因子"。在新时代背景下，建立具有中国特色的期刊评价体系是推动科技期刊高质量发展的重要举措。可借鉴学习国际广泛认可的科研评价体系，自主研发，分类评价，注入中国特色，加强对 CSCD、CSTPCD、CNKI 等国内数据库及评价系统的支持与开发，弱化 SCI 单一指标体系，统筹中英文期刊的评价，重塑文化自信，吸纳我国学者将优秀科研成果发表在祖国自己的期刊上。

（三）努力打造学术传播平台

当前，以 Springer、Elsevier、Wiley 为代表的国际大型学术出版商以其先进的数据库平台汇聚大量世界一流的科技期刊和科研成果，有效促进了从内容出版到科技信息深度挖掘的转变。而缺少核心技术和集成平台的支撑一直是我国科技期刊的短板，也是制约我国科技期刊规模化、国际化、走出去的瓶颈，直接导致了我国 80%~90% 的英文科技期刊选择与国际数字出版平台合作（陈鹏 等，2020），如我国入选"卓越计划"领军期刊的 3 种英文版农业科技期刊，均选择在国外出版平台出版。因此，尽快出台相关配套政策和优惠措施，吸引多方资本参与打造我国自己的学术出版传播平台，维护好科研成果的首发权，乃是当务之急。

第三节 福建省科技期刊发展状况

改革开放 40 多年来，福建省科技期刊在服务知识创新、促进科技成果转化、宣传党的科技政策以及普及科学文化知识等方面发挥了重要的作用。2008 年笔者曾统计了福建省科技期刊的发展状况（翁志辉，2008）。时过 12 年，有必要对当前福建省科技期刊的数量发展、结构分布、质量水平等再次进行统计分析，以总结办刊经验，剖析存在问题，探讨发展思路，进一步提高科技期刊的整体水平和竞争力，促进福建科技期刊高质量、可持续发展。

一、数量发展状况

从中国知网、国家新闻出版署网站等公布的相关资料统计结果：截至 2020 年 11 月，福建省共有公开发行且仍在出版的科技期刊 72 种，占全国 4 958 种科技期刊的 1.45%，在全国各省（区、市）中排名第 21 位。从 72 种期刊的创刊时期看，新中国成立前创办的有 2 种，1949—1966 年创办的有8种，1966—1976年创办的有6种；"文革"结束后，福建省科技期刊出版事业迎来了科学的春天，仅1977—1979年就创办了7种；20世纪80年代，在"科学技术是第一生产力"方针的指引下，福建省这一时期科技期刊创办数量达到了高峰，共有41种期刊创刊，占72种科技期刊的一半以上；20世纪90年代，福建省科技期刊数量平稳增长，共创办有11种。21世纪以来，福建省科技期刊以"控制数量、提高质量"为主，新创办期刊3种，停办6种。总体而言，改革开放40年来，福建省科技期刊数量发展迅速，在这期间创办的期刊占目前总数的80%，科技期刊数量的总体发展趋势与全国相似。

二、结构分布与人员情况

（一）主办单位情况

72种科技期刊中，由研究院（所）主办（包括与学会合办，研究所承办）的最多，达29种，高校主办的有21种，学会（协会）主办的有20种，企业主办的有2种。说明福建省科技期刊主要由研究院（所）、高校和学会主办。72种期刊中，由全国性学会、研究所和部属高校主办的科技期刊有8种，占11.4%。办刊数量最多的单位是福建省农业科学院及其直属研究所，共办有7种科技期刊，其他依次为福建农林大学（5种）、厦门大学（3种）和福建师范大学（3种）。

（二）学科分布

72种科技期刊按所属的学科分类统计显示：工程技术类21种，农林与生物学类21种，医药卫生类9种，综合性科学类9种，基础科学类6种，自然科学与社会科学交叉的期刊有6种。

（三）刊期分布

72种科技期刊中，以双月刊最多，达30种，占总数的41.7%，其他依次分别为季刊（21种，占29.2%）、月刊（19种，占26.4%）和半年刊（2种，占2.7%）。

（四）学术层次分布

科技期刊按其性质可分为学术类、科普类和综合指导类。2014年和2017年，原国家新闻出版广电总局开展了两次学术期刊认定，福建省72种科技期刊中，经认定的学术类科技期刊共有65种，占90.3%。65种学术类期刊中有 3 种是英文版期刊。

（五）科技期刊从业人员

据统计，2019 年福建省共有科技期刊从业人员 446 人①，占全国科技期刊从业人员总数（35 993 人）的 1.24%，在全国各省市区中排名第 21 位；其中在编人员 329 人。

三、学术质量和影响力

（一）获全国优秀期刊奖情况

新闻出版总署、国家科委和中宣部分别于 1992 年和 1997 年举办了两届全国优秀科技期刊评选。在首届全国优秀科技期刊评选中，福建省有《福建师范大学学报（自然科学版）》《福建农学院学报》《福建农业科技》和《台湾海峡》4 种刊物获得三等奖；在 1997 年的第二届全国优秀科技期刊评选中，福建省的《福建林学院学报》荣获二等奖，《福建农业大学学报（自然科学版）》《厦门大学学报（自然科学版）》《结构化学》《福建医药杂志》和《福建中医药》5 种刊物获得三等奖。2000、2003 和 2005 年，新闻出版总署先后举办了三届国家期刊奖评选，福建省有《厦门大学学报（自然科学版）》和《中国人兽共患病杂志》2 种期刊获得第二届百种重点期刊，而第一、三届国家期刊奖，福建省没有期刊获奖；2008—2017 年举办的四届中国出版政府奖，福建无期刊获奖；2013—2020 年历届的中国科技期刊"国际影响力提升计划""登峰行动计划""卓越行动计划"，福建省均无期刊入选。在历届的全国性优秀期刊评选中，福建省共有 10 种科技期刊 12 次获奖。总体而言，福建省科技期刊获全国性优秀期刊奖的数量偏少。

（二）入选核心期刊情况

对我国自然科学核心期刊的认定，业界认可的有 4 种：一是由北京大学图书馆编制的《中文核心期刊要目总览》（已更新至第八版）；二是由中国科学院文献情报中心研制的中国科学引文数据库（CSCD）（已更新至 2019—2020 年版）；三是由中国科技信息研究所发布的《中国科技期刊引证报告》（科技核心期刊）（每年更新一次）；四是由武汉大学图书馆评定的 RCCSE 中国核心学术期刊（已更新至 2020 年版）。经统计表明（表 1-5），

---

① 中国科学技术协会. 中国科技期刊发展蓝皮书（2020）. 北京：科学出版社，2018

截至 2020 年 11 月，福建省共有 16 种科技期刊入选最新版的四大核心期刊评价体系，占全省科技期刊总数的 21%。其中《厦门大学学报（自然科学版）》《中国人兽共患病学报》《森林与环境学报》《福建农业学报》4 种全部入选"四大体系"；有 5 种科技期刊入选"四大体系"中的 3 种。

表 1-5 福建省科技期刊入选国内三大核心期刊体系情况

刊 名	入选核心期刊情况			
	CSCD	中文核心	科技核心	RCCSE 核心
结构化学*	C		√	
厦门大学学报（自然科学版）*	E	√	√	A
中国人兽共患病学报*	C	√	√	A⁻
森林与环境学报*	E	√	√	A⁻
福建农业学报	E	√	√	A⁻
应用海洋学学报*	E	√	√	
电化学*	E	√	√	
福建农林大学学报（自然科学版）	E	√	√	
福州大学学报（自然科学版）		√	√	A⁻
福建师范大学学报（自然科学版）		√	√	A
华侨大学学报（自然科学版）		√	√	
康复学报	E		√	
生物安全学报*	E		√	
亚热带资源与环境学报			√	
福建医科大学学报（自然科学版）			√	
心血管康复医学杂志			√	

注：①科技核心——中国科技核心期刊（中国科技信息研究所）；中文核心——《中文科技期刊要目总览》（北京大学图书馆）；CSCD——中国科学引文数据库来源期刊（中科院文献信息中心），C 为核心版，E 为扩展版；RCCSE 核心——中国核心学术期刊（武汉大学图书馆），A 为核心版，A⁻ 为扩展版；②* 为全国性学会、研究所和部属高校为第一主办单位的科技期刊，表 1-6 同。

（三）被国外著名数据库收录情况

科技期刊被国外著名数据库收录情况，反映了期刊参与国际学术交流的程度和影响力。经统计显示，福建省共有21种科技期刊被国外著名数据库收录，占全省科技期刊总数的29.2%。其中有一种被SCI收录，即《结构化学》。被国外数据库收录较多的学术期刊有：《厦门大学学报（自然科学版）》（8种收录）、《中国人兽共患病学报》（6种收录）、《福建师范大学学报（自然科学版）》（6种收录）、《福州大学学报（自然科学版）》（5种收录）、《华侨大学学报（自然科学版）》（5种收录）、《福建农业学报》（4种收录）和《集美大学学报（自然科学版）》（4种收录）。具体被收录情况见表1-6。

表1-6 福建省科技期刊被国外著名数据库收录情况

刊名	SCI	ESCI	Scopus	BA	CA	CSA	CABI	ZR	JST	AJ	MR	ZM	SA
结构化学*	√				√				√				
厦门大学学报（自然版）*				√	√	√		√	√	√			√
中国人兽共患病学报*					√	√	√	√	√	√			
森林与环境学报						√	√						
应用海洋学学报*						√		√					
电化学*					√			√					
福建农业学报					√		√		√				
福建农林大学学报（自然科学版）						√		√					
福建师范大学学报（自然科学版）					√	√		√	√		√	√	
福州大学学报（自然科学版）					√				√	√	√	√	
华侨大学学报（自然科学版）			√		√				√	√	√	√	
福建医科大学学报（自然科学版）									√				
心血管康复医学杂志					√								
数学研究*		√									√	√	
闽南师范学院学报（自然科学版）											√	√	
应用数学年刊											√	√	
集美大学学报（自然科学版）					√	√			√	√			
福建分析测试					√			√					

(续表)

刊 名	SCI	ESCI	Scopus	BA	CA	CSA	CABI	ZR	JST	AJ	MR	ZM	SA
生物安全学报*								√	√				
福建工程学院学报					√								
武夷科学								√					

注：SCI——科学引文索引（美国）；ESCI—SCI 预备期（美国）；Scopus——Elsevier 斯高帕斯数据库（荷兰）；BA——生物学文摘预评（美国）；CA——化学文摘（美国）；CSA——剑桥科学文摘（美国）；CABI——国际农业与生物学中心（英国）；ZR——动物学记录（英国）；JST——日本科学技术振兴机构数据库；AJ——俄罗斯文摘；MR——数学文摘（美国）；ZM——数学评论（德国）。

（四）数字化建设情况

调查分析福建省 20 种科技期刊 2019 年数字化建设情况，结果显示，拥有一级域名并通过工信部备案的期刊有 5 家，占总数的 25%，分别为《生物安全学报》《中国人兽共患病学报》《情报探索》《亚热带植物科学》和《福建农业学报》；期刊存贮服务器由第三方商业平台托管的有 8 家，其中西安知先公司（三才）托管的有 3 家，清华同方知网托管的有 4 家，北京玛格泰克公司托管的有 1 家；依托本单位（高校）服务器建网服的有 5 家。共有 19 家期刊开通了在线投审稿（采编系统），占总数的 95%，其中采用"三才"的有 7 家，"玛格泰克"的有 6 家，"勤云"的有 2 家，"知网腾云"的有 3 家，中科 SciCloud 有 1 家。网刊系统建设方面，建有英文网站的有 7 家，占总数的 35%；实现 OA 全文传播的有 15 家，占总数的 75%，其中，实现 XML/HTML 结构化全文传播的有 7 家，占总数的 35%。数字生产方面，开通 XML 在线数字生产的有 1 家，为《福建农业学报》。实现预出版的有 4 家，占总数的 20%，分别为《福建农林大学学报（自科版）》（PDF）、《福州大学学报（自科版）》（摘要）、《华侨大学学报（自科版）》（Word）和《福建农业学报》（摘要/XML/PDF）。开通微信公众号的有 11 家，占总数的 55%。具体详见表 1-7 和图 1-2。

从 20 家科技期刊数字化建设情况看，上线采编系统、实现 OA 全文传播和开通微信公众号的期刊比例比较高，在 50% 以上；从拥有英文网站、上线 XML 全文传播和实现预出版的期刊比例比较低，在 35% 以下；而实现数字化生产的期刊仅有 1 家，为《福建农业学报》。

表1-7 福建省20种科技期刊数字化发展情况调查（2019年）

序号	刊名	域名	一级域名/备案	服务器	采编系统	网刊系统	OA	HTML	在线数字生产	预出版	英文网站	微信
1	福建农林大学学报（自科版）	http://jfafu.paperopen.com/	无	三才托管	三才	三才	有	无	无	有/PDF	无	无
2	森林与环境学报	http://fjlxyxb.paperopen.com/	无	三才托管	三才	三才	有	有	无	无	无	有
3	亚热带农业研究	http://yrdnyyj.paperopen.com/	无	三才托管	三才	三才	有	无	无	无	无	有
4	生物安全学报	http://www.jb-scn.org	有 闽ICP备12013878号-1		勤云	勤云	有	有	无	有	无	无
5	武夷科学	http://wykx.cbpt.cnki.net	无	知网托管	无	无	无	无	无	无	无	无
6	厦门大学学报（自科版）	http://jxmu.xmu.edu.cn/	厦门大学	厦门大学	三才	三才	有	无	无	无	无	无
7	福州大学学报（自科版）	http://xbzrb.fzu.edu.cn	无	福州大学	勤云	勤云	有	无	无	有/摘要	无	有
8	福建师范大学学报（自科版）	http://fjsz.cbpt.cnki.net	无	知网托管	腾云	知网	无	无	无	无	无	无
9	华侨大学学报（自科版）	http://www.hdxb.hqu.edu.cn/	无		三才	三才	有	无	无	有/DOC	无	有
10	福建医科大学学报（自科版）	http://fjykdxxb.fjmu.edu.cn/	无	福建医大	三才	三才	有	无	无	无	无	无
11	集美大学学报（自科版）	http://xuebaobangong.jmu.edu.cn	无	集美大学	三才	三才	有	无	无	无	无	无
12	康复学报	https://zz.fjtcm.edu.cn/kfxb	无	中医大	SciCloud	自建	无	无	无	无	无	有
13	中国人兽共患病学报	http://www.rs-ghb.cn	有 闽ICP备10206521号-1		玛格泰克	玛格泰克	有	有	有	无	无	有
14	结构化学	http://manu30.magtech.com.cn/jghx/	无	玛格泰克托管	玛格泰克	玛格泰克	有	无	无	无	有	有

（续表）

序号	刊名	域名	一级域名/备案	服务器	采编系统	网刊系统	OA	HTML	在线数字生产	预出版	英文网站	微信
15	情报探索	http://www.qbts.org	有 闽ICP备11000919号		玛格泰克	玛格泰克	有	无	无	无	无	无
16	亚热带植物科学	http://www.yrdzwkx.com	有 闽ICP备11008787号-5		玛格泰克	玛格泰克	有	无	无	无	无	无
17	亚热带资源与环境学报	http://fjdl.cbpt.cnki.net	无	知网托管	腾云	无	无	无	无	无	无	无
18	福建林业科技	http://fjlk.chinajournal.net.cn	无	知网托管	腾云	无	无	无	无	无	无	无
19	福建农业学报	http://www.fjnyxb.cn	有 闽ICP备19004781号-1	阿里云	玛格泰克	仁和	有	有	有	有/摘要/PDF/XML	有	有
20	福建农业科技	http://fjnk.fjnyxb.cn	无	阿里云	玛格泰克	玛格泰克	有	有	无	无	有	有

注：玛格泰克——玛格泰克稿件远程处理系统 Journal X（北京玛格泰克科技发展有限公司），勤云——勤云稿件处理系统（北京勤云科技发展有限公司），三才——三才期刊采编系统（西安知先信息技术有限公司），腾云——腾云期刊协同采编系统（清华同方知网），SciCloud——云服务科技期刊投审稿系统（科学出版社）。

四、存在问题

上述统计和分析表明，改革开放以来，福建省科技期刊数量发展较快，质量不断提高，涌现出了一些学术水平较高、出版质量较好的优秀期刊、核心期刊。但也应当看到，福建省科技期刊总体实力不强，与全国有关省（市）相比仍有较大差距，科技期刊的总体发展水平明显滞后于福建省国民经济和社会发展水平，也滞后于福建省科技发展水平。福建省科技期刊存在着结构上的不平衡，优秀期刊、核心期刊主要集中在国家部委直属院所高校和全国性学会主办的期刊，多数省级期刊普遍表现特色不强，优势不突出。科技期刊作为科技条件发展和科技工作的重要信息源，尚未引起福建省一些科技期刊主管主办单位的充分重视，科技期刊经费和人力资源投入总体不

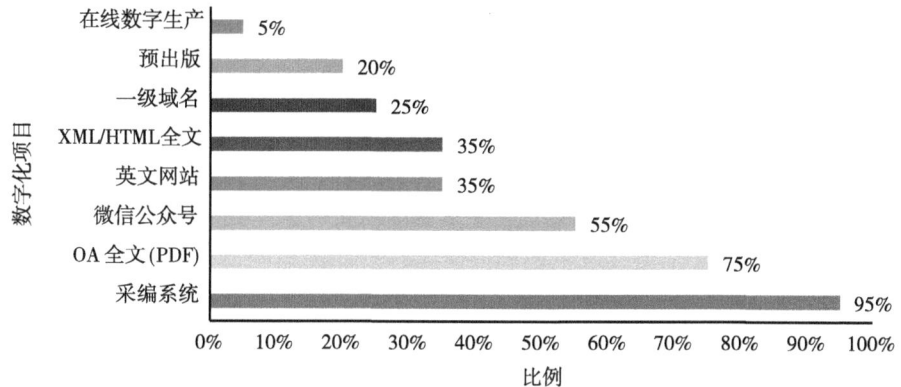

图1-2 20种福建省科技期刊数字化项目占比

足,这些都不同程度影响了福建省科技期刊的整体质量。当然由于历史的原因,福建省科技基础不强,国家部委(院)直属科研单位和高校偏少,这也是福建省科技期刊数量较少、总体实力不强的客观因素。

五、发展思考

(一)发挥经济优势,增加科技期刊投入

2019年福建省GDP在全国各省(区、市)中排名第8位,人均GDP在全国排名第6位,而且全省呈现出经济提速发展的态势。但是当前福建省科技期刊数量在全国仅排名第21位,无论是数量还是质量,整体实力都较薄弱,可以说福建省经济上是强省,科技期刊方面则是弱省。科技期刊是一项公益事业,它的效益在于推动科技进步和经济发展,政府的支持发挥着举足轻重的作用。因此,福建省应充分发挥本省经济实力较强的优势,以培育一流科技期刊为目标,加大对省内重点科技期刊的质量建设和资金支持,推动福建科技期刊高质量发展,服务科技强省建设。

(二)调整优化布局,建立科学合理的科技期刊结构体系

福建省科技期刊的布局,基本仍是传统学科、专业结构所形成的格局,已不能完全适应新形势下福建省科技发展的新需求。建议进一步调整优化福建省科技期刊结构体系,优先发展高新技术产业领域、优势支柱产业领域、传统特色产业领域,以及涉及大数据与人工智能、生态环境资源、海洋科学等相关新兴和前沿领域的科技期刊,建立与福建省科技经济和社会发展相适

应、为创新型省份的高质量跨越发展提供强有力支持的科技期刊支撑体系。

（三）争取优质稿源，提升期刊学术质量

质量是期刊的生命，而优质稿源是确保期刊质量的基石。与全国性科技期刊相比，地方性科技期刊在优质稿源的竞争中往往处于不利地位。因此，福建省科技期刊要提升质量水平，就要千方百计争取优质稿件。一要为优秀论文开辟快速发表的通道。对于属国家重大、重点基金项目论文和高质量的论文，编辑要尽快初审和外审毕并回复作者，并优先发表，以优惠措施吸引高水平的论文。二要及时掌握福建省相关学科的最新动态，跟踪国家和部省重点学科、重大科研项目、前沿课题的进展，编辑要深入科研第一线，参加相关专业的学术活动，主动向创新团队专家、重点学科带头人约稿，为科技期刊的优质稿源提供保障。

（四）制定激励政策，保障编辑队伍的稳定发展

高素质的编辑队伍是科技期刊质量的保障。福建省科技期刊大多数挂靠在科研院所和高等院校，期刊编辑部属于主办单位的一个部门。科技期刊编辑出版是一种服务科研的专业性技术工作，编辑本身很难出成果，因此科技期刊编辑在职称评聘、绩效待遇、进修深造等方面往往不如科研教学人员，这种现状造成了许多青年编辑不安于长期从事编辑工作，当他们发现工作的软环境、硬条件都明显不如同单位的科研教学人员，便选择转行或调离。编辑人员的频繁变动非常不利于科技期刊的可持续发展。因此，科研管理部门和科技期刊主管主办单位，要站在提升国家科技竞争力和文化软实力的高度，切实重视加强科技期刊编辑人才的培养，制定相关的激励政策和评价机制，促进编辑人才脱颖而出，为科技期刊高质量发展提供人力资源保障。

（五）把握发展契机，培育一流科技期刊

当前，福建省正处在科学谋划、全方位推动高质量发展超越的关键时期，全省深入实施创新驱动发展战略，积极培育充满活力的创新生态，集中突破一批关键共性技术。在数字产业、海洋产业、先进制造、特色现代农业等领域，培育壮大新的主导产业，打造更多千亿、万亿级产业集群。福建省科技期刊应充分抓住这一契机，将自身的发展纳入全省实施创新驱动发展战略的建设中。建议有关部门进一步引导和鼓励期刊创精品活动，学习借鉴世界一流科技期刊的办刊经验，加大期刊评优力度，制订相关激励政策，加快一流科技期刊的培育和科技期刊领军人才培养，力争福建省有一批科技期刊进入国家卓越期刊、全国精品期刊之列，为科技强省做出应有的贡献。

第四节　我国台湾地区的科技期刊

1987年起,台湾地区全面解除报禁,报刊创办不需要经过严格的审批,仅需在当局新闻主管部门登记备案即可。2000年1月,台湾地区推行新闻出版自由化,期刊无须经过登记即可自由创办或停刊。因此自20世纪80年代后期以来,台湾期刊数量迅猛增长。由于台湾地区新闻出版的自由化,加上期刊业受市场导向、政治经济环境、产业发展前景等因素影响,历年期刊种数变化波动很大,每年都有一大批期刊创刊,同时也有大量的期刊停办,因此期刊数量的准确统计显得颇为困难。经笔者统计,截至2019年台湾地区期刊数量有4 000多种,其中科技期刊总数维持在1 146种,科技期刊数量约占岛内全部期刊总数的1/4。

一、台湾地区科技期刊基本状况

（一）创办历史

台湾地区最早创办的学术期刊是《台湾医学会杂志》。日本侵占我国台湾时期,一些日籍医师于1902年在台湾成立医学会,随后创办《台湾医学会杂志》,该刊是当时台湾地区唯一的医学专业期刊,至今已创办100多年,发行近1 300多期,是台湾地区连续出版年份最长的期刊。《台湾农学会报》(原名《中华农学会报》)和《中国生理学杂志》均于民国时期创办,前者系1918年在上海由中华农学会创办,后者系1926年由中国生理学会创办,1949年以后,这两种期刊在台湾地区继续出版。

（二）学科分布

对台湾地区1 146种科技期刊按学科分类进行统计,结果显示,工程技术类数量最多,占44.68%,其他依次为医药卫生类(29.67%)、农林水产类(15.79%)和基础科学类(9.86%)。

（三）出版周期

台湾地区科技期刊的出版周期以季刊为最多(36.74%),其他依次为月刊(24.26%)、双月刊(16.49%)、年刊(9.86%)、半年刊(9.51%)和短周期期刊(半月刊、双周刊、周刊和旬刊,占2.36%)。

（四）出版地分布

台湾地区半数以上的科技期刊出版地在台北市,拥有期刊数量较多的其他地区还有新北市、台中市和高雄市。

（五）主办单位

台湾地区科技期刊以学会（协会）主办的最多，占35.70%，学会（协会）主办的科技期刊主要是学术期刊和会刊，其次是由大学主办的高校学报（占14.58%）。除了研究所、管理机构和独立法人的杂志社办刊外，台湾地区各大医院普遍出版有医刊、医讯等杂志，各县和一些乡镇还创办了农报、农讯等。

（六）学术影响

经统计，截至2019年，台湾地区入选SCI的科技期刊共有35种，占台湾地区全部科技期刊的3%。其中，医学类13种，基础科学类12种，工程技术类7种，其他类3种。影响因子最高的是《生物医学科学杂志》，2019年影响因子为5.762；影响因子在2.0以上的共有12种期刊。台湾地区入选SCI的科技期刊，其出版方式基本上是通过国际著名学术出版机构出版。

二、台湾地区学术期刊的评价机制与质量控制

（一）期刊评奖

为鼓励学术期刊提升学术水平，台湾地区于1989年制订了《奖助学术研究优良期刊处理要点》，每年举办1次，分"杰出"和"优等"2个奖项，以奖助优秀学术期刊。申报期刊须系公开征稿且为季刊以上，并按照《学术性期刊评价参考标准甲类（科技类）》自评达80分以上，即具申报资格。《评价参考标准甲类（科技类）》共分为期刊格式（20%）、论文格式（20%）、编辑作业（45%）和其他（10%）4个方面。其中占分数较高的项目有：论文格式、编委会组成、稿源、退稿率、是否准时出版和被国际检索资料库收录情况。申报期刊除附2年的样刊外，还须提供被国际著名检索机构收录的证明、每期实际出刊日期、论文审查制度流程、论文审查意见（至少10份，匿名）、审稿委员及其专长、退稿率（附详细说明清单）等原始资料记录，还要附上期刊年度经费结算书及下一年度预算说明书（包括审稿费、印刷费、编辑费与杂费等细目，以及发行量与发行对象说明）。相关部门邀请相关专家进行评估，于每年7月公布获奖名单。获"杰出"和"优等"奖的期刊由相关部门分别资助出版经费100万~300万元新台币和25万~100万元新台币。该奖项已成为台湾地区学术界评价论文学术层次和期刊级别的重要依据。另一重要奖项是由台湾地区教育主管部门主办的期刊

甲种奖励（增进自然及应用科学学术研究类）。台湾地区研究院（所）、高校专业技术人员的聘任、升职等都需提交个人相关层次的"代表作"。第一层次是被 SCI、EI 等收录的具国际水平的学术期刊，第二层次是获科技、教育主管部门评刊获奖的期刊，第三层次是具有匿名审稿机制的学术期刊。

（二）编辑审稿

台湾地区学术期刊一般由主办单位的专家学者兼职做编辑，不设杂志社或编辑部而只设编审委员会（编委会）。台湾地区学术期刊有比较成熟的审稿机制，其中编委会起决定性作用，组稿、审稿、编辑等均由编委会委员担任，编委会通过召开委员会议对来稿进行预审，预审过关的稿件要送经 2~3 位同行专家（职位不低于作者职级）进行双向匿名审查，审查通过的稿件由主任委员决定刊用顺序。编务和出版发行则由专职的助理编辑完成，主要任务是登记来稿，负责与投稿人接洽，联系期刊印制、出版与发行等。在学术期刊评估时，非常看重期刊是否组建由不同机构的相关专家组成的编委会，重要期刊还须有国际编委，其次要检查是否有严格的匿名审稿机制，并随机调阅编委会的会议记录，检查论文的退稿程序，统计来稿、送审的比例，尤其关注期刊的"退稿率"。在符合审稿程序的基础上，"退稿率"越高，得分也相应较高。因此，台湾的学术期刊生态显得较为严谨从容，期刊的学术把关严格，没有炒作或市场行为。

三、启示与思考

通过上述的统计与分析，对台湾地区科技期刊尤其是学术期刊有一个初步的了解。两岸科技期刊在发展过程中形成了各自的规模、结构和特点，有着各自的优势和不足。就期刊数量而言，大陆期刊中有大约 1/2 是科技类期刊，而台湾科技期刊数量约占其期刊总数的 1/4，大陆科技期刊种数是台湾的 4.33 倍；但若以科技研发人员（R&D 人员）人均科技期刊拥有种数计，台湾是大陆的 5.15 倍。就学术期刊的评价而言，大陆侧重于被引量、影响因子等文献计量学指标的量化，但由此也导致一些期刊过于看重影响因子，甚至人为操纵影响因子等学术泡沫现象；而台湾评估学术期刊主要看编委会组成、审稿制度和退稿率等，但这些指标在具体操作中往往不易量化。就学术期刊的编辑特色而言，大陆学术期刊设有专门的编辑部和专职的编辑人员，文字编校质量、编排规范化和出版时效性有保证，但编辑人员对专业论文的学术问题有时把握不准，存在"误判"现象；台湾学术期刊编辑多由主办单位的专家学者兼任，编辑"学者化"，对稿件的学术判断尺度较有把握，而且兼职人员办刊能降低办刊成本，节省办刊开支，但由于兼职人员兼具科研（教学）和编辑双重职责，难以做到学术质量和编辑质量、学术水平和出版效率的两全其美。

今后，两岸科技期刊出版界可进一步增进相互间的交流，探讨科技期刊出版业的合作，促进两岸科技期刊出版事业的共同发展。

参考文献

陈烈臣，等，2002.我国农业科技期刊现状分析［J］.中国科技期刊研究，13（5）：387-389.

陈鹏，等，2020.我国科技期刊出版管理政策及实施效果［J］.中国出版（20）：14-19.

刘静，2020.Scopus数据库收录我国中文科技期刊影响力分析［J］.中国科技期刊研究，31（4）：462-467.

刘世华，等.1998.我国农业科技期刊发展状况（1979—1995）［J］.中国科技期刊研究，9（4）：247-251.

宁笔，2020.我国需要更多英文科技期刊［J］.科技与出版（4）：5-10.

任胜利，等，2020.2019年我国英文科技期刊发展回顾［J］.科技与出版（3）：6-13.

翁志辉，2008.福建省科技期刊发展现状与思考［J］.开放潮（7）：39-41.

翁志辉，2008.台湾科技期刊基本状况与编辑出版特点分析［J］.中国科技期刊研究，19（5）：809-813.

朱文佩，2019.新中国成立70年科技期刊发展历程与展望［J］.今传媒，27（12）：91-94.

卓宏勇，2018.中国科技期刊改革开放40周年回顾与展望［J］.编辑学报，30（6）：553-557.

第二章 农业科技期刊的策划

第一节 科技期刊的和谐出版

党的十九大报告提出了把我国建成富强民主文明和谐美丽的社会主义现代化强国的奋斗目标。社会充满活力又和谐有序，人与自然和谐共生，是国家富强、民族振兴、人民幸福的重要保证。我国自然科学学术期刊（以下简称科技期刊）是传播先进科学文化的重要阵地，是国家知识创新工程的重要平台，也是科学技术工作的重要组成部分。构建科技期刊和谐的发展环境和运行机制，是我国科技期刊出版事业持续健康发展的重要保证。多年来，我国科技期刊在传播科技信息，推动学科发展，促进国内外学术交流，发现、培养人才等方面发挥了十分重要的作用，特别是在推动和促进科研成果转化为现实生产力，更好地为国民经济建设服务方面，做出了巨大贡献。但科技期刊的发展过程中也面临一些困难、存在一些具有争议的问题，科技期刊在编辑出版中也出现了一些不和谐的因素和现象。因此构建科技期刊出版的和谐生态，促进科技期刊出版事业的和谐发展，是科技期刊编辑出版工作者的重要使命，也是科技界的共同愿望和要求。现根据科技期刊的特性和功能，从 6 个方面谈谈如何树立科学发展观，促进科技期刊出版事业的和谐发展。

一、期刊数量与质量水平的和谐发展

据统计，目前我国共有科技期刊近 5000 种，成为仅次于美国的科技期刊大国。我国虽是科技期刊的大国，但并不是科技期刊的强国。与发达国家比较，我国科技期刊的总体影响力较低，市场竞争力较弱，科技期刊之间发展不均衡，水平参差不齐，高质量的期刊偏少。由于激励政策的原因，我国许多优秀学术论文往往选择在国外的刊物上发表，制约了我国科技期刊水平的提高。因此，我国科技期刊在稳定数量规模的前提下，当务之急是提高期刊的整体质量水平和国际影响力。一是要制定合理的政策导向，鼓励优秀学术论文在国内科技期刊发表。二是进一步缩短出版周期，出版更多的学术月

刊，大力加快优秀论文的发表速度。三是提高论文的英文表达水平，发表更多英文版的学术论文，或创办更多英文版科技期刊。四是提高编委会和审稿队伍的国际化程度，提升学术把关的层次与水平。五是建立完善期刊数字出版平台，推进期刊融合发展。六是建设高素质期刊人才队伍，为科技期刊高质量发展提供条件保障。只有做到科技期刊数量规模和质量水平的和谐发展，才能为我国的创新驱动发展战略提供强有力的知识支撑，提升我国科技期刊的国际地位。

二、社会效益与经济效益的和谐统一

学术类期刊既是物质产品又是精神产品，科学价值和学术价值才是其本质价值，它为社会带来的财富远远超过期刊的收益（发行收入、广告收入等），是高层次的精神文化产品，在推动科技进步和社会发展方面具有不可替代、难以估量的作用（朱晓东 等，2006）。因此，无论是出版管理部门还是期刊主管、主办单位，对于科技期刊，不能片面地用经济运作的模式去管理，而应作为创造社会效益的公益性事业去管理，把科技期刊完全推向市场是不切实际的。

科技期刊必须把社会效益放在首位，但并不意味科技期刊不要有经营意识，不需要经济效益。经营是科技期刊的保证条件，有好的经济效益，科技期刊的生存和发展才有可靠的保证，高水平的编辑人才能留得住。在新的时代，要学习借鉴国外科技期刊先进的经营理念，实现从"单纯学术型"向"学术兼经营型"的转变。如美国 *Science* 杂志的营销战略就是始终把刊物置于知识创新、知识推广、知识应用的中心环节，形成了以市场需求（科学家和科研群体的信息需求）为导向，组织产品的生产（引导科研、投资科研项目、创造知识）、营销（期刊发行、知识传播），最终实现为科学家服务的目标（推广、应用），构成了一个完整的知识创新体系和产业链（肖宏，2005）。中华医学会杂志社123种系列期刊通过集约化数字出版，不仅提高了期刊的学术影响力，而且从人、财、物等方面降低了出版的整体投入，在内容付费阅读、会员服务和数字出版平台加盟方面获得了一定收益（沈锡宾 等，2019）。《中国航空学报（英文版）》《航空学报》《航空知识》在新的媒体环境下，将科技期刊与全媒体、集团其他期刊和行业期刊、大众媒体、文化资源以及行业需求进行融合发展，从而扩展期刊的运营模式，提升科技期刊的品牌知名度和影响力，实现期刊社会效益和经济效益的最大化（刘德生 等，2017）。

总之,科技期刊的社会效益与经济效益是相辅相成的。和谐的科技期刊应当是"双效"相统一的知识产品。但是当二者发生矛盾冲突时,经济效益要坚决服从社会效益,决不能以牺牲刊物质量、自毁学术形象来谋求一己一时之利。

三、版面扩容与学术把关的和谐一致

近几年,国内外科技期刊数量相对稳定,而发表的论文量逐年增加,尤其以 SCI 期刊论文量增长最为显著。科技论文产出量的逐年提高,这既是我国科技领域各学科的研究不断深入、科技创新能力日益增强等客观因素的综合体现,又是高校院所评估、科研人员职称评定以及其他各种考评考核等主观因素影响的结果。为了容纳逐年增长的论文数量,越来越多的科技期刊增加了页码和刊期。总体而言,我国科技论文数量的增加,学术质量也相应得到提高,如被 SCI 收录量和被引量逐年同步提升。说明大多数科技期刊能够根据自身的稿源基础、办刊条件,进行合理、适度的扩版,扩版后仍严格把好论文质量关。但不可否认,一些科技期刊浮躁现象涌动,在各种利益诉求的驱动下,有意识地降低学术标准,科技期刊的功能开始异化,逐渐衍变为给为了评职称、评奖的人发表文章凑数,发表了无学术创新、低水平重复的论文,甚至存在学术问题的论文,产生了大量的无用信息、垃圾信息。有的期刊编辑人员严重不足,期刊编校质量问题突出;有的期刊把扩版收取高额版面费作为办刊创收的唯一途径,借扩版之机乱收费,造成社会上的不良影响。

学术把关是确保期刊学术质量和学术地位的基石。科技期刊编辑要视学术质量为期刊的生命,自觉遵守学术规范,严格执行稿件"三审制",切实把好论文编校质量关。期刊主办单位要担负起对刊物的监管责任,要对所发表的论文学术水平和社会效果负责,办刊上要配备必要的人力、物力、财力资源。只有在保证期刊学术质量的前提下,根据稿源情况、办刊基础,通过科学决策,适度扩版,才能做到学术论文数量增长与质量控制的和谐发展。

四、质量控制与效率要求的和谐促进

质量是期刊的生命,效率也是期刊的生命。我国许多优秀的科技期刊,质量虽属上乘,然而出版效率太低,出版流程管理不科学,期刊出版周期过长,稿件积压过多,加上数字化发展进程缓慢,一篇论文从投稿到发表,往

往需要等待一年左右的时间，使科学发现的新知识、新成果成了旧知识、旧成果，发表的社会效益就大打折扣了。国际上高水平的期刊则以月刊、半月刊为主。以 *Science* 杂志为例，该刊既重质量也重效率，每年 6 000 多篇来稿只有 13% 可以最终发表，每篇稿件从接收到发表周期一般在 28 天到 35 天，最短纪录 24 小时，最长仅 4 个月多。论文发表周期过长，是制约我国科技期刊国际影响力提升的重要因素之一。

当然，强调效率决不能以降低质量标准为代价。有些科技期刊盲目扩版，不切实际地办成半月刊、旬刊，或者每期页数扩至五六百页，以追求所谓的办刊规模、办刊效率，但论文水平低、编校质量差，刊物徒有"分量"，没有"质量"，这种办刊做法是不可取的。只有在质量控制的前提下，优化出版流程，强化数字出版，推进媒体融合，推行优先出版，缩短出版时滞，提高出版效率，做到质量与效率的和谐促进，才能保证科技期刊的持续健康发展。

五、评价体系与竞争环境的和谐公正

与一般期刊对读者、对发行市场的竞争不同，科技期刊之间的竞争，主要表现为对优秀稿源的竞争。而作者的投稿取向主要依赖于政策导向即有关部门对科技期刊的评价结果。目前大多数高校和科研单位，习惯于按期刊级别来衡量论文水平。而各部门、各单位对科技期刊的分级标准不统一、不科学、甚至自相矛盾，使科技期刊处于不合理、不公平的竞争环境。

我国自 20 世纪 80 年代末南京大学首开重奖 SCI 论文之始，30 多年来，高等学校、科研院所等对 SCI 论文相关指标的追求崇拜到了无以复加的地步，科研人员甚至把发表高影响因子、高被引的 SCI 论文当作科研工作的根本目标，为发表 SCI 论文，紧跟甚至照搬国际上的研究方向和研究范式，忽视国计民生、国家发展急需的卡脖子问题，脱离"中国特色，自主创新"的研究方向。论文评价"唯 SCI"，违背科技发展规律，扭曲科技工作者价值观，导致中国科研被国外 SCI 支配，不仅带来诸多恶劣影响，而且严重阻碍我国科技期刊的高质量发展和世界一流科技期刊建设的进程（贺嫁姿 等，2020）。

因此，根据国内科技期刊的实际情况，结合分类评价的需要，破除"SCI 至上"，客观科学地制定我国自己科技期刊的评价体系，并在实践中逐步修订完善，显得非常重要和必要，这有利于从政策导向上留住高端学术论文在国内科技期刊发表，有利于营造国内学术期刊公平、和谐的竞争环境，有利于科技期刊在竞争中优势互补、相互促进,引导我国科技期刊出版业良性、有序、和谐发展。

六、编者与作者、读者的和谐相融

在科技期刊编辑出版过程中,和谐来自编者、作者、审者、读者目标的一致性,并最终融合于出版物中。如何处理好编者与作者、读者、审者之间的各种供需和互动关系,并建立与其他相关部门良好的合作关系,最大限度地动员作者资源、开发读者的传播潜力、借用审者的学术视角,是科技期刊出版单位需要认真研究的问题。

首先,编辑要与作者建立和谐的关系。为作者服务是编辑的天职,编辑要尊重每一位作者的劳动成果。收稿后要及时处理稿件,并在规定的时间内及时回复;给作者的退修函语气要谦和、友善,真诚地帮助作者修改论文;稿件即使不用,退稿也要注意把握分寸,既要毫不讳言地指出缺陷,又要善于越过缺点看到优点,挖掘可用之处,使作者感到退稿有理合情,做到"退稿不退人"。只有一切以作者利益为上,充分考虑作者的心理,才会博得作者的支持。

其次,要建立和谐的编读关系。科技期刊的读者多数为科研人员、专家学者、其中还包括编委、审稿专家、作者等。良好编读关系的构建,一是要根据科技期刊的读者定位,从编辑出版的各个环节,充分体现对读者需求的深刻把握,如论文的学术取向,精细的编辑加工,标准规范的中外文表达和编排,提供优质的数字出版服务和印刷精美的纸刊,以逐渐建立刊物在读者心中的良好形象。二是变"单向传播"为"双向互动",充分利用微信、在线互动等新媒体平台,培养、提升、强化读者的参与意识,认真吸纳读者对期刊出版的建议和善意的批评,与读者建立起持续发展的互动关系。

最后,编辑之间要建立团结、和谐、亲善的合作关系,形成团结协作、高效、富有奉献精神的和谐氛围。一是分工负责。通过对稿源的合理分配,实施栏目编辑分工负责制和执行主编统筹制,鼓励编辑积极争取优秀稿源。二是同舟共济。校稿、发行等全局性、突击性的工作,要协同作战,不分分内分外加班加点。三是荣辱与共。评优评奖、职称评聘、培训进修等机会,要均等合理安排,同事之间要互相体谅理解,不争名夺利。四是互帮互学。编辑之间要互相沟通学习,取长补短。老同志要有甘为人梯的奉献精神,新同志要有虚心学习的钻研精神。五是激励机制。制定公正合理的激励政策，对工作量、审改质量、编辑效率以及创新能力等进行综合考评奖励，以激发编辑的才智，形成良好的竞争氛围，推动编辑部各项工作的和谐发展。

第二节　科技期刊的品牌建设

一、科技期刊品牌建设的意义

科技类学术期刊（以下简称科技期刊）是知识创新体系的重要组成部分，主要发表经同行评审认可的学术性论文，是科学研究成果的记录和传播载体，是学术思想系统化和社会化的基本手段，是倡导科学精神、建设科学文明的主要途径，也是体现相关领域学术水平和社会影响的重要窗口（王应宽，2005）。品牌已成为期刊颇具代表性的文化符号，代表了一种观念存储和心理认同，是科技期刊非常重要的无形资产。期刊品牌是期刊和其竞争对手区别开来的鲜明特征，它的作用在于让该期刊在同类型的阵营中不至于被同质化。

科技期刊不同于大众化的刊物，两者服务的对象不同，受众对品牌的认知心理也不同。前者面向学术界，强调学术水准和品位、影响力，受众的品牌认知取决于刊物学术品格对特定对象学术研究事业的影响程度。后者面向消费性阅读市场，受众认知取决于刊物的通俗性、可读性，取决于对特定读者物质生活和精神文化需求的满足程度。

因此，科技期刊的品牌战略应充分考虑特定受众群体的学术发展要求、学术身份定位、社会价值转化体现、学术交流需要等因素。而且也应该充分认识到，品牌的基础是产品的内在质量，具体到科技期刊，主要是指满足读者需求的知识产品的质量和风格。科技期刊是连续出版物，没有特殊情况，刊名一般几十年不变，这就为品牌的形成和稳定提供了前提。要实施科技期刊的品牌战略，就是要提高质量，把期刊办成质量高、信誉好、形象佳、有特色、有活力、有吸引力的品牌期刊。科技期刊的品牌一旦被市场认可，其可资开发的效益是无价的，这样就使品牌产品具有远远高出自身价值的效应，这就是通常所说的品牌效应（王应宽，2005）。

二、科技期刊品牌认识误区

（一）将"市场化"视为品牌的价值所在，一心迎合市场，一味追求盈利

科技期刊理论层次较高，又有各自特定的研究对象，读者群相对较窄，发行量相对较低，在出版目标、任务、评价指标及管理方法都有自己的独特标准和规律，与一般期刊的市场运作规律是不同的。一些科技期刊将经济利益最大化作为办刊的目标，将期刊学术风格完全定位在市场化运作的基础上，并冠之于"品牌"塑造的幌子，用市场取向替代了期刊的学术取向，使期刊的学术水准下降，出现了学术质量的滑坡。有些刊社把出版增刊作为谋取经济利益的重要途径，有些人则把办刊变为创收的手段，借学术之名图利，把科技期刊变为摇钱树，有的期刊社一年创收上百万甚至千万。由于有利可图、利润可观，不仅期刊社红火，还催生了论文发表代理机构，这种代理机构能为作者在该刊发表论文甚至捉刀代笔替写论文。然而，科技期刊的市场定位和完全市场化运作的内涵毕竟有根本的区别，那些盲从经济效益、商业利益至上，罔顾学术质量的期刊，不但自身走向庸俗化，而且还成为滋生学术不端的温床，对我国科技期刊的健康发展造成恶劣影响。

（二）将"规模化"视为品牌的主体内容，热衷扩版增页，内容跟风泛化

业界人士普遍认同弱、小、散是我国的科技期刊落后的重要原因，缺少规模化、集团化的期刊出版单位运作。诚然，我国科技期刊弱、小、散的弊端有其历史的渊源，科技期刊从个刊到集群，再到集团化的发展，不能一蹴而就，需要科技期刊在提质增效、品牌塑造、做精做强的前提下水到渠成。然而，目前一些期刊出版单位所谓的"规模化"，走的并不是这种守正创新、融合发展的道路，而是在自己的"一亩三分田"内谋求做大蛋糕。在缺乏相应的核心竞争力、论文质量还没有得到有效提高之前，通过扩版增页，或月刊改半月刊甚至旬刊，或通过一刊多版、一刊多号等方式，盲目扩张或者进行营利性扩版，结果导致无效信息、垃圾文献膨胀，内容跟风同质，恶性竞争加剧，给期刊的声誉和质量带来很多消极的后果。

（三）将"核心期刊"视为品牌的运作目标，盲目追求影响因子，倒置质量核心

多数作者喜欢把论文投向 SCI 收录期刊或中文核心期刊，尤其是国外的

SCI 期刊。当然 SCI 收录期刊或中文核心期刊选稿相对严格，期刊质量和影响力也较高，目前国内高校和科研单位普遍把其作为学术评价的依据，这虽有其合理性和可操作性，但"以刊评文"的做法同样弊端诸多。有的期刊将"核心期刊"视为"品牌"运作的目标，盲目追求影响因子、被引频次、基金来源等文献计量学指标，在选稿时，不是看稿件的学术水平和应用价值如何，而是形而上学地与作者知名度、基金来源联系起来，一味跟风报道热点，甚至人为操作影响因子，或与相关期刊结成互引联盟，这种人为提高科技期刊引证指标的行为，也是学术不端的一种典型表现，是科技期刊发展的致命误区。

上述期刊品牌认识的误区，实质上是思想浮躁引发的学术浮躁、学风浮躁。整顿学术之风，不仅要在创作者和研究者的领域大力加强对治学之道的监管，还要在科技期刊这个学术平台上加大整顿的力度，为学术成果的茁壮成长营造良好的环境。因此要树立正确的品牌导向，寻找品牌发展的路径，营造良好的品牌效应，推动我国科技期刊高质量发展。

三、科技期刊品牌建设的导向

（一）坚持科技期刊的公益属性

科学研究成果通常以图书、论文、调研报告等表现形式推向社会和同行以供探讨或实际应用。目前，对科技期刊公益性的探讨已经被学术界广泛接纳，很多学者认为其应该受到主管主办单位、相关部门以及全社会的保护和扶持，不能走完全的市场化道路。

目前，科学界的共识是，相对于商品性，学术性才是科技期刊的根本属性，也就是说，科技期刊的精神内涵、科学价值和学术水平才是它存在的真实意义和本质价值，不能仅从发行量及其自身经济收益来衡量，因为专业读者面窄，发行量较少，很多的科技期刊甚至在经济收益方面是很低的。但是应该看到，许多学术成果最终可转化为生产力，它为社会带来的巨大财富远远超过期刊自身的收益。即使是在进入市场环节，它的主要任务仍然是变成最佳的社会成果进行转化和应用。所以对日益上涨的科技期刊印刷发行成本、编辑的人力智力成本、期刊本身的推介与数字化出版成本等，都应该以公益事业的模式加以统筹。刘振兴、陈运泰等多位院士更是明确提出，科技期刊应纳入非营利性政策性出版事业，作为公益性事业来管理，并设立国家"科技期刊专项基金"，资助优秀的科技期刊走向国际（刘振兴 等，2005）。

应该说，科技期刊作为公益事业看待的导向是众望所归的。

(二) 把好学术关是确保科技期刊质量的基石

期刊的生命在于其学术质量。各类科技期刊学术地位的确立，往往是通过为学术论文的评鉴确立客观公正的质量标准来实现的。而最具操作性，也最关键的是编辑要做好学术的把门人，把好稿件质量关。例如，以国际惯例为模式的匿名审稿制是很好的解决途径。匿名审稿制体现了客观、公正、合理等诸多优越性，能摒除资格偏见、门户之见、"面子"之见，单纯地就学术论学术，使真正有创见、有价值的文章在隐去作者身份的状态中被遴选出来，解决的是学术论文质量和科技期刊的权威性问题，学界已经"把是否实行和经过匿名审稿作为衡量科技期刊学术水平的重要标准之一"。因此，加强科技期刊"三审三校"、匿名审稿等内容生产把关机制，完善同行专家评议机制，形成公正、客观、严格、规范的论文质量控制体系，是学术期刊品牌塑造的基本导向。

四、科技期刊品牌塑造的路径

(一) 准确定位，彰显特色，是品牌建设的基础

刊物的定位，直接影响到刊物品牌的建设。科技期刊多为某一个特定学科领域的专业性期刊，读者与作者的细分，使期刊受众群体特定，科技期刊社可根据所刊载内容不同、读者和作者群也不尽相同等特点，有针对性地剖析期刊的学科优势，全面整合资源，对办刊宗旨、办刊目标、内容定位、读者定位、实施方式等进行综合考量，逐步建立健全期刊定位设计方案，以"人无我有，人有我新，人新我特"为目标，强化创新、突出特色，形成独特的办刊风格，打造该领域内代表性的特色期刊，从而为期刊树立良好的品牌形象奠定基础（陈峰 等，2013）。只有充分发掘和展现这种特色，精心策划，使之成为该领域科技工作者必读的、不可替代的精神食粮，才能独树一帜，创立品牌。

(二) 精心策划，精雕细琢，是品牌建设的核心

高质量、高水平的稿件不能仅仅依靠作者的投稿，需要编辑与专家的策划和组稿，成为期刊的重点选题加以重视和扶植，逐渐成为期刊品牌和竞争力的支撑。重点选题和优质稿件是科技期刊重要的核心竞争力，因此需要调动各方面的力量，群策群力（吕小红 等，2011）。比如综合性农业学术期刊，涉及众多学科，既可以按照各个学科领域进行选题，促进各学科的发

展,也可以走跨学科问题导向,促进现实问题的多学科方法综合解决(刘呈庆,2013)。质量是期刊的生命,从策划约稿到组稿、发稿,从送审到发表前辅导作者认真修改,再到编辑"三校一读",期刊社应保证每个环节都要认真做好。

(三)以人为本,融合创新,是品牌建设的保障

科技期刊的高质量发展,需要有一支高素质的编辑队伍。优秀的编辑人才是品牌科技期刊最核心的竞争力。实施科技期刊品牌战略,要坚持以人为本,创造成才的良好环境和条件,做好"选才""育才""留才"各个环节,培养适合新媒体环境的科技期刊优秀复合型编辑人才,成为品牌科技期刊编辑队伍的生力军和主力军(刘德生 等,2018)。当今世界已经进入数字化、网络化的时代,出版的数字化、网络化成为品牌期刊的特征,是科技期刊走向国际化的必然。网上组稿、审稿、加工、校对等工作形式,拉近了作者、编辑、读者的距离,加快了编校的进程,缩短了出版周期,拓宽了信息获取的途径,扩大了宣传的手段和力度,增强了品牌的价值,成为品牌期刊发展的必然。

(四)社会担当,文化传承,是品牌建设的灵魂

文化是人类在社会历史实践中创造的物质财富和精神财富的总和。期刊文化则是编辑出版中创造并建立的学术体系、价值观念、出版风格的高度体现。因此,期刊文化是期刊的精神和灵魂,是期刊持续发展的重要引擎。办刊人的社会担当、学风修养、工匠精神和创新意识,更是品牌科技期刊成长的内在动力。实施科技期刊品牌规划,必须以社会责任为前提,以守正创新为核心,以学风建设为基础,积极构建期刊品牌文化,不断提升期刊核心竞争力,促进期刊全面可持续发展,努力打造本学科领域同行认可的旗帜性领衔品牌期刊(宋咏堂,2012)。

第三节　科技期刊的扩版策略

随着我国科技事业的蓬勃发展,科技论文的产出量逐年增加。在科技期刊数量相对稳定的前提下,扩版成为期刊出版单位主要的应对策略。扩版包括增加页码、缩短刊期和扩大开本3种方式。从出版周期看,2019年全国科技期刊中,中短周期期刊(包括月刊、双月刊、半月刊、旬刊)比例高达84.7%,比2002年的67.7%增长了17个百分点。可见,扩版已成为科技

期刊的一种普遍现象。

一、科技期刊扩版的主要促进因素

（一）稿源的增加

稿源的增加是科技期刊扩版的主导因素。近年来，我国科技论文的产出量逐年提高，这既是我国自然科学各学科研究不断深入、科技创新能力日益增强等客观因素的综合体现，又是各种集体利益、个人功利等主观因素影响的结果。稿源的扩大主要来自5个方面：一是各学科的研究课题数量逐年增加，课题论文的产出量日益增长。发表科技论文是科学研究进展和成果的体现，课题验收、成果评定等都需要有相应的论文发表；二是论文发表数量已成为衡量高校或科研机构学术水平的重要指标之一，因此高校和科研机构普遍关注本单位的论文发表情况；三是高校在校研究生和研究生导师人数都在逐年上升，而发表学术论文既是研究生取得学位的一项指标，又是研究生导师取得相应资格的条件因素；四是各专业系列每年各种级别的职称评定，对发表论文数量和质量都有一定的要求；五是高校与科研单位人员的年度考核、业绩评估与发表论文数量挂钩。随着稿源的大幅度增长，为使论文及时得到发表，科技期刊就要进行相应的扩版。

（二）同行期刊的竞争

在期刊如林的竞争中，争夺优秀稿源，是保证期刊质量水平的前提条件。从作者角度看，通常出版周期短、载文量大、发表速度快的科技期刊更易受到青睐。扩版后期刊随着报道时差的进一步缩短，能够吸引一些优秀文稿，使之能够快速发表。另一方面，扩版后随着载文量的增大，期刊影响力也相应得到提高，主要表现为文献计量学指标如总被引频次和被摘录量增加。因此，鉴于核心期刊评价指标的局限，报道时差短、载文量多的期刊更容易入选核心期刊。可见，扩版也是同行期刊竞争中常用的一种手段。

（三）数字出版和网络传播技术的革新

科技期刊编辑部普遍实现了期刊编辑出版的网络化、电子化，多数有自主排版的设备、能力和技术。第一，期刊扩版后，所增版面的排版工作不需要花费太高的成本开支。第二，现代印刷技术不断革新，印刷行业间存在激烈的市场竞争，通过印刷业务投标，期刊印刷不但成本低，而且质量高、速度快，加上科技期刊一般发行量较低，印刷用纸量不高，期刊扩版不需要高昂的印刷成本代价，因此扩版显得相对容易。第三，OA电子期刊的推出，也减少了纸质期刊的成本。

(四) 经济效益的考量

目前，科技期刊的办刊经费来源主要是单位拨款和发表费收入，扩版后，收取作者的稿件处理费（发表费）大幅增加，成为期刊出版单位重要的经费收入。期刊出版单位可利用扩版的机会，邀请相关单位作为刊物的学术支持单位或理事会成员，取得他们在办刊经费上更多的资助，而且还能得到办刊合作单位推荐的一些质量较高的稿件。而且，如果扩版的手段是增加刊期，如双月刊改为月刊，那么增加的封页可以用来刊发更多的彩色广告或专版介绍，可以改善办刊经费不足的困局。

二、科技期刊扩版后存在的一些问题

科技期刊的扩版，科技论文产出量的提高，从一个侧面反映了我国科研投入不断加大、科研成果不断增长的趋势，扩版也使我国科技期刊长期以来论文发表时滞过长的问题得到一定程度的解决。总体而言，大多数科技期刊能够根据自身的稿源基础、办刊条件，进行合理、适度的扩版，扩版后仍严格把好论文质量关，保持学术水平不下降。但不可否认，一些期刊扩版后，由于编辑人员配备跟不上，出现比较突出的期刊编校质量问题；少数期刊把扩版收取发表费作为办刊创收的唯一途径，重创收、轻把关，借扩版之机，敛作者之财，收取高额发表费，不但导致刊物质量下滑，还造成社会上的不良影响。科技期刊扩版中存在的主要问题有以下3个方面。

(一) 选稿把关不严，审稿标准降低

随着稿源的扩大，科技期刊来稿中虽不乏高质量、原创性的研究论文，但更多的是一般性稿件，表现为议题和观点不新、雷同现象比较突出，甚至一些发表过的论文、抄袭拼凑的论文混杂其中。然而一些科技期刊扩版后为了短期的经济利益，有意识地降低了学术标准，稿件不送经专家审稿，未经严格查重，选稿把关不严，发表了大量并无学术创新、低水平重复的论文，或是研究方法有问题、结论有错误的论文，以求得办刊规模、创收规模。这种短视行为，不仅无助于学科的发展，而且在很大程度上对学科的进步产生阻碍作用，也将最终失去读者、作者的信赖。

(二) 编辑人力不足，编校问题突出

期刊扩版后，编辑、编务工作量均相应加大。当前许多科技期刊出版单位普遍实行人员定编、经费包干制。一些期刊扩版后人力资源并没有相应增加，专职编辑工作量逐年加大，编辑审稿加工任务日趋繁重，编辑人员不分编辑、编务，工作一肩挑，加班加点更成为家常便饭；超负荷的编辑工作量，将导致编校质量的下滑。有的编辑为了追求改稿数量和速度，仅对稿件进行浅层次的审读，编辑加工也只是改改几个错别字、规范几个计量单位而已，校对也没有完成必要的校次。有的编辑部为了弥补编辑力量的不足，外聘在职或离退休科技人员担任兼职编辑，而兼职编辑如果没有经过系统的编辑出版业务培训，加工稿件常常不到位、不规范，或者因其专业工作繁忙，对审改稿件应付了事。这些问题，在一些大兴"扩版"之风的科技期刊中显得较为突出。很难想象，一份文字表达不清、错漏明显的科技期刊，将能带给科技工作者什么样的信息和知识？

（三）重经济效益，轻学术质量

学术论文是学术成果的体现。作为科技期刊，如是论文质量达到标准，向作者收取适当的论文处理费用，是国内外学术界的正常行为。然而，一些科技期刊为增加编辑部的创收，把收取发表费作为生财之道，采取大规模扩版、大幅度收费而牺牲期刊质量的办法，不考虑论文学术质量，不考虑论文真实程度，以是否交费为发表论文依据。于是期刊越办越厚，垃圾信息越来越多，既浪费资源，又使科技期刊的发展陷入一个恶性竞争的循环当中。一些刊物的主管、主办单位不切实际地把科技期刊完全推向市场，不再拨付办刊经费，甚至连人员工资均由编辑部自理，从而对科技期刊借扩版之机冠冕堂皇地收取高额发表费起了推波助澜的作用。在市场定位方面，一些科技期刊从对读者的竞争转向对作者的竞争，把作者作为读者群，刊物仅仅成为科研教学人员晋升职称、高校研究生获取学位而发表论文的园地。在内容定位方面，一些科技期刊扩版后尽管很有分量，但没有特色，没有报道重点，甚至报道范围任意扩大，刊发了与本学科本领域无关的稿件，超越了自身学科的报道范围和学术定位，刊物成为一份大杂烩。

三、科技期刊扩版的策略

（一）科学决策，适度扩版

科技期刊的扩版，要根据刊物的稿源情况，分析学科研究发展前景，结合编辑部的人力、财力状况，作出科学决策。如果稿源充足，稿件采用率较低，审定可用的稿件积压过多，则要果断决策，适度扩版。扩版后，要及时补充必要的人力、财力。要防止片面追求经济效益的过度扩版，一次性扩版幅度不宜过大。在扩版手段方面，除了更改开本，主要有增加每期页码和缩短出版周期两方面的选择。增加页码的扩版方式，运作成本相对较低，操作比较方便，但刊物时效性不够强，对广告量少、编辑人力和财力不是很强的编辑部可以采用；缩短出版周期的扩版方式，可明显提高论文发表的时效性，多出的封页可用以刊发广告，但运作成本相对较高，要求有较充足的人力、物力，对于广告量较多、编辑力量较强的编辑部可以考虑。

（二）提高编辑业务素质，严把稿件质量关

足够的编辑力量是办好刊物的保障，而学术把关是确保期刊学术地位的基石。科技期刊扩版后，刊物主办单位和出版单位要切实加强期刊的编辑出版管理，充实必要的人力资源，改善编辑部的工作环境，加强在职编辑的职业道德修养和业务培训，使扩版后期刊质量不但不下降，而且要能借助扩版，把科技期刊进一步做大做强。第一，要及时充实人力资源。对于招聘的兼职编辑和新分配的高校毕业生，要通过系统的业务培训和"以老带新"的办法，使他们尽快进入角色。第二，要不断提高编辑人员的思想素质和业务水平，提倡"爱岗敬业""求实奉献"的编辑职业精神。编辑部可定期开展内容丰富、形式多样的业务研讨班，鼓励编辑积极参加相关学科的学术研讨会和同行编辑之间的业务交流。第三，要切实把好学术质量关，提高刊物编校质量。要严格执行刊物的学术定位、选稿标准，坚持"三审制"，选准选好审稿专家，要学会并善于运用网络检索技术，进行论文创新性的判断，不使低水平重复、剽窃伪装之作等成为"漏网之鱼"；在编辑加工方面要有精益求精的精神，养成精雕细琢的习惯。第四，编辑部要建立有效可行的激励机制，加强对编辑人员的工作量、工作质量、工作效率的考评，尤其要加强审稿、加工、校对质量的考评，以充分发挥编辑的主观能动性，保证刊物的质量水平。

（三）加强刊物审读，完善监督机制

对科技期刊进行审读是提升其学术质量的必要措施。《期刊出版管理规定》指出："期刊主管单位须对其主管的期刊进行审读，期刊出版单位应建立期刊阅评制度，定期写出阅评报告。"因此科技期刊的主办单位，应对期刊所载文章的学术水平和社会效果负责；期刊管理部门和主办单位要加强对科技期刊学术质量的监管，完善监督机制，聘请本学科专家审读刊物，发现期刊质量问题及时责令整改，甚至予以必要的处罚。科技期刊编辑部要坚持把社会效益放在首位，自觉遵守学术规范，抵制学术腐败，杜绝将期刊扩版作为单纯的创收手段，特别要制止以创收为目的的收取高额版面费现象。科技期刊扩版后，构建一种高效的科技期刊内部审读机制是十分必要的，通过审读可以找出问题，总结经验得失，并能评价编辑的工作成绩。总之，科技期刊主办单位和出版单位树立了审读意识，也就树立了质量意识，通过经常性的外部审读和内部审读，为科技期刊提供可靠的学术质量保障。

第四节　农业科技期刊的栏目设置

科技期刊的栏目设置，是期刊总体设计的重要组成部分，也是展示期刊风格和特色、体现办刊宗旨、方便读者阅读和文献检索的重要手段。因此，国内外的许多科技期刊都非常重视和讲究期刊的栏目设置。本节通过对我国农业科技类期刊栏目设置的调查分析，谈谈农业科技期刊栏目设置的几种常见形式，以及设置栏目应注意的几个问题。

一、农业科技期刊栏目设置的几种常见类型及其作用

（一）学科分类型

即把刊发的文章按专业学科属性进行归类，从而设置相应的栏目。农业科技期刊按学科分类型设置的常见栏目有：作物科学、园艺科学、植物保护、资源与环境科学、动物科学、食品科学等。这种类型栏目的优点是能方便不同学科专业人员阅读，并且也为检索数据库进行文献的摘编提供方便。

（二）文章格式型

即根据文章的学术层次或发表的格式进行设置。栏目内容主要有：研究报告、研究进展、研究简报、专论与综述、应用技术、科技动态、科技讲座等。其优点是能适合不同知识层次的读者阅读，如院校及科研系统的专业人员，他们比较倾向于阅读"研究报告""研究进展""专论与综述"等学术性论文，而农业推广人员则更喜欢"应用技术""科技信息""科技讲座"等知识型、应用类的文章。

（三）文章作用型

即根据文章在实践中的特定用途而设置的栏目。常见的栏目有：科学种田、多种经营、植物医院、农技交流、他山之石、田园回声，等等。其优点是丰富生动、针对性强。这类栏目颇受基层农技员及农民读者的青睐。

（四）综合型

就一般综合性科技期刊而言，其所涉及的专业范围、学术层次和读者面都比较广，因此设置和编辑栏目也比较复杂。通常是根据不同专业和知识层次的读者的需要，把学科分类型、文章格式型、文章作用型三者综合起来加以设置，可称之为综合型。

二、农业科技期刊栏目设置应注意的几个问题

（一）栏目设置应与期刊的学术层次相一致

学术类、技术类、科普类等不同性质的科技期刊，其相应的栏目设置要从具体实际出发。农业学术类期刊的栏目设置以能展示其学术上的严谨性、科学性为宜，栏目不宜过多，通常按论文格式或学科分类设置栏目，栏题应能体现其学术深度和广度。农业技术类期刊内容涉及面比较广，设置栏目常以文章格式型和综合型为主。农业科普类期刊的栏目设置应力求生动活泼，能体现其知识性、信息性和趣味性，通常以文章作用型为主设置。

（二）栏目设置应与文章的内容和格式相一致

农业科技期刊设置的每一个栏目，都要有特定的报道内容、读者对象和报道方式，栏目的含义应能够涵盖栏内具体文章的主题，不同栏目的性质、特点、作用、层次的区别要明确，避免同一篇文章，既可入这个栏目，也可入那个栏目。其次，进行内文版式设计时，同一栏目内的文章，应尽可能集中在一起，以连续页码进行编排。

（三）栏目设置要富有特色

受读者欢迎的期刊往往是富有特色的期刊，期刊的特点可以通过栏目的合理设置得到体现，好的栏目甚至能塑造一本刊物的形象。例如农业高等院校的学报，可以把该校在学术界处于优势的专业学科作为特色栏目开辟专栏。技术、科普类期刊，则可针对技术应用上存在的热点、难点或突出问题，每期组织一批高质量的文稿开辟专栏，展开问题讨论，或者认真研究同类刊物的特点，发挥自身优势，每期设置一个"特色农业专辑"，扬己之长，形成自己的风格特色。

（四）栏题要精选且醒目

与文章的题名相比，栏题往往更易引起读者的注意和兴趣。首先，学术类期刊栏题应以准确、合适的命名予以表达。科普类期刊在栏题策划上应力

求新颖、生动,具有吸引力。其次,目次表中的栏题应用醒目的字体,以便与文章标题区别开来,使整个目次表的编排均衡得体,层次分明,美观大方。

(五) 栏目要保持相对的稳定

栏目按其出现的频率可分为固定栏目和机动栏目。固定栏目是体现办刊宗旨的骨干栏目,每期必备,而且要保证栏内文章的数量和质量。固定栏目切忌经常变换,也不可因文随意设栏,这样往往会因"无米之炊"而使栏目夭折。机动栏目因时而异,既可作为次要栏目有规律地间隔出现,以扩大刊物的信息量,也可根据需要以专栏的形式出现,以彰显刊物的风格和特色。

第五节 农业科技期刊的组稿策略[①]

优质稿源是期刊学术质量的保障。高质量的组稿、约稿策略,是保证科技期刊内容特色与核心竞争力的关键工作。地方性农业科技类学术期刊一般包括省属农林高校学报和省级农林类科研院所及学会主办的科技期刊,与全国性农业科技期刊相比,地方性农业科技期刊在优质稿源的获取方面无疑具有明显的劣势。该类期刊如果没有积极有效地开展组稿工作,仅靠自由来稿显然难于维持一定数量的优质稿源,期刊学术质量也难于提升。因此,如何拓展优质稿源,是地方性农业科技期刊面临的核心问题。现以中文核心期刊《福建农业学报》的组稿实践为例,探讨地方性农业科技期刊获取优质稿源的有效途径。

一、充分发挥编委的作用

地方性农业科技期刊的编委,一般由主办单位遴选本单位或当地知名专家组成。编委的主要职责是审评来稿和推荐稿件。但是由于受评价机制的约束,编委一般只参与审稿,而不大积极推荐优质稿件,或者推荐的稿件质量不高。为此,《福建农业学报》遴选期刊编委时采取主办单位学委会推荐和公开招聘相结合的办法,即有一半以上的编委通过公开招聘的形式聘任,凡

[①] 本节内容来源于笔者主持的福建省科技计划公益类项目(2016R1015-1)的研究成果,原载《出版广角》2017年第8期,收入本书时做了较多修订

具有博士学位和副高以上职称,并且担任创新团队或重点实验室主要负责人的中青年专家均可报名参加;同时制订了编委的权益和义务,即编委每年有推荐2篇以上优质稿件的义务和所荐稿件在同等条件下优先发表的权利。由此聘任到一些年轻有为、热心期刊工作的编委,他们为刊物提供了一定数量的优质稿件,为保证刊物学术质量提供了资源基础。

二、建立优稿先发的机制,快速发表首报成果

"优稿先发"即初审时对学术质量高的来稿优先送外审和编辑加工,发稿时按同行评议和编辑部复审结果,优先发表学术质量高的稿件,这种打破传统的按来稿先后次序审理发表的做法,有利于吸纳一些优秀稿件。科研人员通常把质量好的论文优先投给 SCI 源刊或全国性一级学报,但是上述期刊稿源多,审理和发表时滞过长,待论文发表时,一些原创性成果往往会失去时效性。为此编辑部非常重视对农业科研领域重大发现和重要进展成果的首报。如 2010 年我国南方多地发生不明原因引起的蛋禽产蛋骤降现象,给养禽业造成巨大损失,福建省农业科学院禽病防控创新团队在全国率先发现并鉴定出病原体。当时团队希望把这一成果论文投向全国性学报,后经编辑部争取,于第一时间(2010 年 12 月)在《福建农业学报》发表,该文为全国首报,至 2019 年被引频次高达 184 次,作者的科研成果也获得了省科技进步奖。此后,该团队首席专家经常向《福建农业学报》推荐他们团队的研究论文。

三、利用同行评议获取优质稿源

农业科学研究具有明显的地域性,地方性农业科技期刊一般选择本省或周边地区农林高校专家作为审稿人。《福建农业学报》主要刊载我国东南地区农业科研学术论文,因此遴选的审稿专家单位以福建农林大学、华南农业大学、南京农业大学、浙江大学生命科学学院等为主,审稿专家一般为硕博士研究生导师,且多数主持国家或部省级重要科研项目。专家在审回稿件时,也经常会推荐一些稿件给刊物,这些稿件多数是他们的课题研究成果,或其培养的研究生参加的研究成果。由于荐稿专家熟悉《福建农业学报》的学术定位和规范要求,且希望能优先发表,因此推荐的稿件学术质量总体上要明显高于自由来稿。编辑部非常重视审稿专家的荐稿,予以及时到位的审理,优先发表,并由此与审稿专家建立了良好的信任和合作关系。

四、依托本地区、本单位的优势特色学科策划组稿

农业综合性科技期刊栏目设置及报道内容同质化现象普遍,而地方性农业科技期刊则具有较强的区域特色,可以立足本地区和主办单位的科研优势及区域特色优势学科,有针对性地开展策划组稿。比如福建省在水产、植保、生态、林业与茶叶等学科研究领域居全国先进水平,《福建农业学报》的主办单位福建省农业科学院在超级稻和再生稻品种选育与栽培研究、转基因水稻研究、亚热带特色果树枇杷与龙眼育种、番鸭细小病毒病疫苗研发、红萍资源研究,以及捕食螨、柑橘黄龙病、生物杀菌杀虫剂研究等领域居国际先进水平,为此编辑部关注并围绕上述优势的重点学科和特色领域进行组稿,多角度地展示研究的最新动态和进展,保持刊物的区域学术特色。

五、跟踪学术会议,开展专题策划

学术会议主题内容具有系统性、集中性的特点,能够引领未来一段时间的论文发表方向,科技期刊编辑可以通过学术会议了解本学科领域的研究动态、进展和研究热点问题等,利用专辑集中化、系列化报道的特点,可以使科研工作者在短时间内对自己所关心的研究领域有着全面的了解,因此具有其独特的优势(刘玉姝 等,2010)。《福建农业学报》编辑部注重对专题的策划,多年来围绕农业学科热点先后策划了"农产品质量安全""水产饲料""水土保持与低碳农业""福建省自然科学基金项目"等专辑,专辑的策划与出版,不仅受到作者读者的广泛好评,而且专辑论文的被引用率也高于自由来稿。

六、利用新媒体技术扩大稿源

随着新媒体技术的不断发展,信息传播已经走入了新媒体时代,科技期刊生存和发展的各个环节都将不可避免地与新媒体发生融合。同样,新媒体手段的应用也为科技期刊组稿和约稿工作的开展提供了新的方法和思路(郑雯 等,2017)。《福建农业学报》于2011年开通了具有一级域名的自主网站,2017年上线微信公众号,2019年实现XML数字生产。在约稿方面,采取微信、网站的Email Alert 和 XML 生产系统的在线推送,实现电子期刊和约稿信息的派发。据编辑部统计,2020年上半年,期刊通过新媒体技术,来稿量同比增长了一倍以上。有了充足的稿源,编辑就可以从中择优,获取

更多的优质稿件。

七、积极参与制订科研评价机制，发挥政策的有效作用

目前我国科研人员的投稿意向，在很大程度上取决于所在单位的科研评价导向。"以刊评文"是一种以刊物是否入选 SCI 及核心期刊体系来评判论文学术价值的评价方式（朱剑，2010），虽然这种方式频遭诟病，但迄今还没有一种更为方便科学的评价方式能取而代之。因此科研单位和高校一般都制订了有关论文发表的期刊分类规定。地方性农业科技期刊的投稿主体是主办单位科研人员，对于这种反映作者投稿意向的规定，编辑部非常重视并积极参与，从学术评价的专业角度，提出了的一些有利于期刊发展的合理化建议，如进入一二类的学术期刊，必须是具有严格同行评议审稿制度的期刊，从而把一些未实行同行评议的核心期刊排除在外，提升入选期刊的学术层次；其次，依据"二八法则"（即一类期刊通常发表 80% 的高水平论文，二类期刊通常发表 20% 的高水平论文）（尹林 等，2010），提出应把《福建农业学报》中经同行评议认为高水平的论文列入一类论文评价对象（约占期刊发文比例的 5%~10%），再经学委会复评通过后可确认为一类论文。通过编辑部积极参与期刊分类法则的制订，不仅提升了本单位科研评价政策的合理性，而且为刊物吸纳本单位的优质稿源营造了有利的政策环境。

八、注意挖掘潜力作者，以到位的服务取得作者的信赖

编辑在稿件初审时，就有意识地注意挖掘富有潜力的作者，以快速到位的审理、编辑加工、编后反馈与互动，取得作者的信赖。对于初审认为学术质量较高的来稿，不仅优先及时处理，而且选择细分专业对口的同行专家外审，得到富有专业深度的评审意见。在格式规范方面，编辑直接为作者做细致到位的加工，减轻作者修改的工作量，英文摘要则送请美籍专家审改加工。当期发排后付印前立即向作者寄发电子版期刊，同时在网刊平台发布论文的 XML 和 PDF 格式。论文审理阶段不向作者收取审稿费。论文发表后仍然与作者保持良好的互动关系，如告知被引情况，争取作者稿件的复投率。凡优质稿件的作者，他们比较关注论文审评的专业程度，编辑加工水平特别是英文加工的规范水平，以及论文发表的时滞；而稿件质量一般的作者，他们关注的只是论文能否发表的问题。编辑通常以为优质稿件可以简化审稿程序，甚至不经外审直接进入编辑加工环节，而《福建农业学报》的审稿实

践认为，越是优质稿件，越要对口送审，这样越会能取得作者的信任。因此，科技期刊编辑应注意为优秀作者提供到位的论文审理与发表服务，以耐心细致的敬业精神取信于作者，这也是吸纳优质稿源的一条重要途径。

九、结　语

总之，地方性农业科技期刊应利用其独特的区位学术优势，采取相应的组稿策略，充分发挥编委和审稿人的荐稿作用，跟踪学术会议策划专题专辑，依托主办单位的学术资源，发挥政策的导向作用，借助新媒体技术向专家推送信息，通过细致的编辑加工和灵活快速的发稿机制，千方百计获取优质稿源。编辑不应仅满足于对自由来稿的审改，而应腾出更多的时间和精力投入约稿与组稿工作，从源头上提升期刊的学术水平。

第六节　农业科普期刊的发展定位

党的十九大提出了实施乡村振兴战略。2018年2月，中共中央、国务院印发《关于实施乡村振兴战略的意见》（以下简称为《意见》）。《意见》指出，实施乡村振兴战略，是党的十九大作出的重大决策部署，是决胜全面建成小康社会、全面建设社会主义现代化国家的重大历史任务，是新时代"三农"工作的总抓手。因此，作为农业信息重要载体的农业科普期刊，要认真学习贯彻中央精神，深刻认识新时代实施乡村振兴战略的重大意义，领会实施乡村振兴战略的总体要求，进一步创新办刊理念，明确刊物定位，调整报道方向，实现融合转型，以适应新时代"三农"工作的新需求，为服务乡村振兴战略做出应有的贡献。

一、农业科普期刊在乡村振兴战略中的地位和作用

农业科技期刊是农业科学研究和农技推广的重要组成部分，它的基本功能是积累、传播和交流农业科技信息，是农业科技成果转化为现实生产力的桥梁和中介，同时又是发现和培养农业科研和技术推广人才的深厚土壤。农业科技期刊尤其是科普类期刊还是进行农村科学文化教育和科学普及的重要手段，肩负着提高农民科学文化素质的重要使命。

尽管目前资讯种类繁多、技术先进、内容丰富，如电视、广播、报纸、互联网和移动多媒体等，但农业科普类期刊服务"三农"则有其独特的优

势：一是办刊单位主要依托于农业科研、推广、教学或管理部门，采编人员具有农业科学知识素养好和科技信息来源广的优势，服务对象明确，目标受众主要为农技人员和农民；二是各种视听媒体和新媒体，即使是有关农业科技信息的报道，也往往存在不够深入、系统和专业的问题，农业科普期刊则是专门深入报道农业科技成果、信息和农业科学知识的媒介。因此可以说，农业科技期刊在宣传党的农村方针政策、推进农业科技进步、促进农业技术推广、传播农业科技信息、普及农业科技知识、引导农民科技致富，以及培养农业人才等方面仍具有其他传媒不可替代的作用。

二、当前农业科普期刊服务"三农"存在的主要问题

改革开放40多年来，我国农业科技期刊无论是数量和增长速度，还是质量都取得了长足的进步。多年来，我国既办出了一批学术水平高、具有国际影响力的学术期刊，如《中国农业科学》《作物学报》《土壤学报》等，又涌现出一些发行量大、深受农民欢迎的技术类、科普类杂志，如《农村百事通》《农村新技术》等，为促进我国农业科技创新和农业技术推广普及做出了重要贡献。但总体而言，农业科普期刊的整体发展与我国"三农"现状和新时代乡村发展战略的要求尚不适应。主要表现在以下几个方面。

（一）信息革命时代农业科普期刊发展面临严峻挑战

在学术、技术、科普三大类别的农业科技期刊中，学术期刊的功能在于促进农业科技创新和农业学术交流，其服务对象是农业科研教学人员和学术文献检索机构。与"三农"关系较为密切的是科普类期刊，服务的主要对象是基层农技人员、农村种养大户和广大农民。当前我国农业科技期刊中科普类期刊种数在50种左右，不到农业科技期刊总数的1/10。随着新媒体的出现，人们的阅读习惯发生了本质改变，异军突起的数字化期刊、琳琅满目的农业网站、层出不穷的农技微信公众号，给传统纸质农业科普期刊带来巨大的冲击和挑战，不断挤占着纸质期刊的生存空间，农业科普期刊读者资源不断减少、发行量逐年下降，广告收入日渐萎缩。加上农业科普期刊出版单位多已转企改制，自负盈亏，其发展面临着严峻的形势。

（二）存在"科普不新""内容欠优"的质量问题

农业科普期刊稿件质量不高，原因有两方面：一是导向问题。"重学术、轻科普"的现象在许多单位普遍存在。科研教学人员撰写学术论文，能成为其评优、加薪、晋职的重要条件，但如果把时间和精力花在科普创作

上，针对农业基层撰写指导性、实用性文章，尽管付出了艰辛的劳动，不仅不能成为晋职、评奖的依据，还常会被人看轻，认为是"小儿科"，不屑一顾，这就造成了人们为普及性刊物撰稿缺乏原动力。在科研单位和农业院校，一般上了中级职称的科研、教学人员就不再主动向普及性刊物投稿了，于是科普期刊成为初级职称人员的创作园地。二是科普文章实际上并不容易创作。一篇好的科普文章要达到科学性、思想性、通俗化的统一，为农村读者所喜闻乐见、易于接受，写作难度不亚于学术论文。由于缺乏专家学者的参与，大多数科普文章质量平庸，内容陈旧，针对性不强，技术含量不高，至于富有经验结晶和指导意义的文章就更少了。

（三）刊物特色不强，难以适应"三农"的需求

我国地域辽阔，农业人口众多，分布广泛，农业生产条件千差万别，农业科技成果层出不穷，对于农业科普类期刊，必须具有地方特色，才能发挥应有的作用，才能为当地农业生产、农村经济和农民致富发挥作用。当前我国各地区普遍办有农业科普期刊，这符合我国农业国情，但能够紧密联系当地农业特色和农村经济的实际，围绕农业结构调整，适应乡村振兴发展需要的省级农业科普期刊为数不多，精品则更少。有些期刊如果不留意它的刊名，仅从内容上看还不好分清这是哪一省的农业科普期刊。基层农技人员和农民群众很难从期刊上得到真正实用的科技信息和指导性强的技术成果。

（四）管理、职能部门对农业普及性期刊重视不够

农业普及性期刊（包括科普类和部分技术类）面向"三农"，农业属于弱质产业，农民属于弱势群体。农业普及性杂志经营一般较为困难，经济效益并不高，其效益与"汽车""计算机"等热门行业的普及性期刊有着天壤之别。多数农业普及性期刊在经营上自负盈亏，享受不到诸如学术类期刊的经费支持。在刊物评奖方面也受到不公正待遇，评奖门槛高，获奖困难大，各种级别的期刊评优，往往是学术期刊唱主角、科普期刊作陪衬。至于诸如入选核心期刊、获得出版基金资助等则更加不可能。与学术期刊相比，普及性期刊需要深入农村以扩大发行，需要面向企业以拓展广告，需要向专家约稿以保证有高质量的稿件，需要加大人力和财力投入以保障新媒体运营，否则经营和效益就成问题。上述这些客观因素，也许是越来越多科普类期刊停办，甚至改变办刊方向走向学术化的重要原因。

三、新时代农业科普期刊助力乡村振兴的策略

如何更好地发挥农业科普类期刊在乡村振兴发展战略中的作用？笔者认为，首先要从改善期刊生存与发展的外部环境条件出发，重视和支持办好农业科普期刊。但更重要的是要从刊社内部挖掘潜力，创新办刊理念，转变发展方式，调整报道方向，探索媒体融合，适应"三农"需求，提高两个效益，办出精品期刊。

（一）政策扶持，加强对技术类科普类农业期刊的支持力度

2019年中央一号文件将"坚持农业农村优先发展"确定为"三农"工作的总方针，并要求全党及各级政府牢固树立农业农村优先发展的政策导向。在当前各行各业支援"三农"的政策背景下，对服务"三农"、为科教兴农作贡献的农业科普类期刊，应加强政策倾斜和扶持的力度。一是税务、邮政部门在农业科普类期刊经营收益的税费和发行费用上予以适当优惠或减免，科技教育和新闻出版管理部门设立"三农"科技书刊出版专项基金，对优秀农业科普类书刊予以资助。二是有关部门在组织"三下乡"活动和创建"农村科技书屋"活动中，把农业科普类期刊纳入重点考虑范围。三是科研单位和高等院校要采取优惠政策，鼓励专家学者、科研人员撰写高质量的指导性、普及性文章投向普及性刊物。四是在全国性、地方性和行业性的期刊评比中，可适当考虑增加农业科普类期刊的比重，或设立专门面向"三农"的全国性书刊评优。

（二）明确定位，以服务"三农"为宗旨

定位是期刊立足社会的根本。期刊定位包括受众定位、内容定位、市场定位和编辑出版定位，它体现了刊物的办刊宗旨，其中受众定位起主导作用，明确了刊物的主要读者群，刊物的报道方向、栏目策划、市场开拓等都要围绕着读者的需要进行。农业科普类期刊有较明确的读者（受众）定位，服务于生产，读者群是基层广大农技推广人员，这个群体正是联结农业科技成果和农业生产者的纽带，他们长年与农民、农田打交道，开展试验、示范、推广、培训工作，是科教兴农、促进农村经济发展的生力军。因此农业科普类期刊所发表的文章，要求做到科学性、先进性、指导性、针对性强，实用性好，技术含量高，文章可以直接用于指导农业生产，普及性文章要做到"人无我有，人有我新，人新我精"，做到"平实而不平庸，新颖而不猎奇"，尤其强调其中的技术含量，使广大农技人员能感受到"读之有提高，

用之可操作"。

（三）突出特色，优化选题，适应新时期农业科技和农村经济发展

特色是刊物的灵魂，是吸引读者的磁石。我国地域辽阔，各地区地理气候、人文历史、经济水平、农业生产条件和研究基础迥异，由此形成了各地区农业生产、农业科研的特色和优势，这也给农业科技期刊多元化、特色化提供了契机。如何及时反映地方农业特色，突出报道地方农业科研和生产的优势领域，是地方性农业科普期刊的发展优势。

优化选题是提升期刊质量、增强期刊竞争力的突破口。农业科普期刊必须及时了解掌握党和政府的农业和农村政策，对我国农业科技和农村经济发展面临的新形势、解决"三农"问题的关键举措做出科学判断，优化选题，更新栏目，调整报道方向，适应新时期服务"三农"的需要，这也农业科普期刊做精做强的重要途径。

（四）探索媒体融合，谋求发展新路，实现转型升级

在融媒体时代，多种媒介形态融合并存，新技术新应用不断涌现，深刻影响和改变信息传播的模式和途径。农业科普杂志要顺应时代需求，积极探索纸质期刊与新兴媒体的融合路径，打造以纸质期刊为主干，官方网站、微信公众平台、自媒体平台等为分支的全媒体传播模式，从而使科技信息实现"一次加工，多介质、全方位传播"，抵达更多受众形成多种形态的数字化传播媒介（覃圣云，2018）；积极探索利用数字出版、数据出版、自媒体出版、可视化出版、互动出版和语义出版等多种出版方式，提供图文、视频、音频内容产品，根据不同媒体的特质、传播特点，打造更多有分量、有特色的内容产品（赖义羡，2020）；积极探索"云商城""云创业""云服务"等媒体融合所衍生的盈利新模式，实现传统农业科普期刊在融媒体时代的转型和蜕变。

参考文献

陈峰，等，2013. 简论科技期刊品牌建设［J］. 编辑学报，25（1）：1-2.

贺嫁姿，等，2020. 破除"SCI至上"背景下一流科技期刊发展的若干思考［J］. 编辑学报，32（4）：361-366.

赖义羡，2020. 乡村振兴战略下农村科普期刊创新发展探析［J］. 出版

发行研究（1）：55-58.

林海清，翁志辉，2010. 学术期刊品牌认识的误区与思考［J］. 中国科技期刊研究，21（4）：505-507.

林海清，2017. 地方性学术期刊获取优质稿源的有效途径刍议［J］. 出版广角（8）：48-49.

刘呈庆，2013. 综合性学术期刊的品牌建设策略思考——以《中国人口·资源与环境》期刊为例［J］. 出版科学（4）：54-58.

刘德生，等，2017. 整合资源，融合发展，扩展科技期刊运营模式［J］. 科技与出版（5）：4-10.

刘德生，等，2018. 新媒体环境中科技期刊编辑人才培养的探索研究［J］. 编辑学报，30（3）：319-322.

刘玉姝，等，2010. 开拓学术期刊优质稿源的途径［J］. 编辑学报，22（4）：362-363.

刘振兴，等，2005. 关于自然科学学术期刊纳入公益性事业管理的建议［J］. 中国科技期刊研究，16（4）：437-438.

吕小红，等，2011. 科技期刊品牌建设的思考［J］. 编辑学报，23（S1）：127-129.

沈锡宾，等，2019. 中国科技期刊集约化数字出版的效益分析——以中华医学会杂志社为例［J］. 中国科技期刊研究，30（12）：1 304-1 310.

宋咏堂，2012. 品牌科技期刊的文化特征及其构建［J］. 中国科技期刊研究，23（1）：23-25.

覃圣云，2018. 媒体融合时代农业科普期刊转型之路——以《农村新技术》杂志为例［J］. 传媒（24）：42-44.

王应宽，2005. 中国科技期刊的品牌化发展与经营策略［J］. 中国科技期刊研究，16（3）：285-290.

翁志辉，等，2007. 论学术期刊的和谐发展［J］. 开放潮（8）：21-23.

翁志辉，1998. 浅谈科技期刊的栏目设置［J］. 科技与出版（5）：3-5.

翁志辉，2006. 农业科技期刊要为推进社会主义新农村建设服务［J］. 中国科技期刊研究，17（4）：531-535.

翁志辉，2007. 学术期刊扩版现象评析［J］. 编辑学报（2）：132-134.

翁志辉，2008."农家书屋"工程建设 农业期刊要有所作为［J］. 中国出版（4）：37-39.

肖宏, 2005. 对科技期刊落实"科学发展观"的若干思考 [J]. 中国科技期刊研究, 16 (6): 884-888.

尹林, 等, 2010. 科技期刊的二八定律现象及其经营管理方略 [J]. 湖北师范学院学报（自然科学版）, 30 (4): 61-63.

郑雯, 等, 2017. 科技期刊利用新媒体方法组稿、约稿的策略——以《中国皮肤性病学杂志》为例 [J]. 中国科技期刊研究, 28 (3): 247-250.

朱剑, 2010. 重建学术评价机制的逻辑起点——从"核心期刊""来源期刊"排行榜谈起 [J]. 清华大学学报：哲学社会科学版, 27 (1): 5-15, 159.

朱晓东, 等, 2006. 关于我国科技期刊管理政策创新的思考 [J]. 编辑学报, 18 (2): 83-86.

第三章　农业科技期刊的审稿

第一节　农业科技期刊审稿环节的优化

科技期刊编辑工作包括文稿审理和加工校对两个阶段，其中，文稿审理是科技期刊编辑工作的核心任务，审稿质量既直接反映了期刊的学术水平，也体现了编辑的专业学术素养。审稿环节不仅要对文稿进行学术把关，决定发表与否，而且还要对文稿内容方面的不足和缺漏进行修订使之完善，因此文稿的审理是科技期刊编辑工作中的重点和难点，也是编辑长期致力于提高和不断探索的环节。科技期刊编辑部应高度重视文稿审理阶段的科学性和合理性，并在实践中不断优化完善，做到既能确保学术质量，又能提高编辑出版效率。

一、科技文稿审理阶段的常见问题

目前科技期刊编辑部对文稿的审理常存在以下问题：一是审理各环节投入的时间和力度分配不当，常表现为前轻后重，影响编辑效率。二是审稿人遴选不到位，同行评议没有达到应有的效果。三是责任编辑重形式加工轻内容审查，使后续工序问题积压过多。四是主编终审对每篇文稿平均使力，没有分档次审稿，影响终审质量和效率；主编对整刊质量定位把控不准，导致待发稿件积压太多。

二、文稿审理流程各环节的优化

文稿审理流程主要包括初审、外审、复审和终审4个环节，参与主体分别是责任编辑、主编（含执行副主编）和审稿专家（包括期刊编委）。由于不同科技期刊的学科属性、信息容量、学术定位和编辑水平各不相同，因此审理过程各环节的控制并没有一种固定的模式，一种科技期刊的有效做法，并不适用于另一种科技期刊。编辑部应根据期刊自身特性，在实践中灵活掌握并不断优化完善，才能有效提高审稿的质量与效率。

(一) 初审环节

科技期刊编辑部对来稿的初审，通常有3种方式：①编辑初审，即稿件登记后分发各责任编辑，由编辑独立完成各自分工的稿件初审。②主编初审，即编辑不参与初审，所有来稿经学术不端检测后都由主编负责初审，初审通过后分别交由编辑完成后续流程，未过关的直接予以退稿。③编辑+主编（或编委）初审，即编辑初审后，能明确判别质量达不到要求的予以退稿，对退与否把握不准的，交由主编或编委裁定是退稿还是进入下一流程。

上述3种初审方式各有其优缺点。第一种方式初审速度快，编辑对本专业的稿件相对熟悉，通过学术不端检测和数据库检索后对稿件的判断则更有把握，缺点是由于各编辑对稿件的判断能力和标准不一，造成整刊稿件初审把控程度不一，通常资深编辑初审筛选稿件比较到位，淘汰率比较高，而资历浅的编辑为避免判断失误，初审往往过于宽松；另一方面，多数编辑部实行量化考核机制，编辑为增加审改稿数量而放松初审环节的质量要求，造成进入后续工序的稿件积压太多，因此第一种方式比较适合全体编辑学术素养较高的编辑部。第二种方式由主编负责所有来稿初审，主编通常具有较高的学术素养，学术判断比较到位，而且主编对整体期刊的定位明确，把关尺度也比较一致，缺点是主编全部负责初审工作量太大，而且对于综合性科技期刊而言，主编也会因其专业限制而出现判断上的困难，因此这种方式仅适合于来稿量不多的专业性科技期刊。第三种方式兼顾质量与效率，编辑把稿件分为两类，大部分稿件由编辑独立完成初审，部分把握不准的稿件请主编或编委进一步初筛，这种方式适合大多数的科技期刊编辑部。

初审把关过于宽松是许多科技期刊的通病（姜敏 等，2014），由此有太多的稿件进入后续流程，不仅增加了编辑工作量，而且影响了编辑出版效率。因此，科技期刊编辑部有必要依据期刊学术定位和来稿数量，制定初审的基本要求，一般通过初审的稿件，应有2/3以上能够最终录用。以《福建农业学报》为例，该刊要求责任编辑通过对来稿的题名、摘要、引言、研究方法、图表和参考文献的初审，对论文取舍做出初步判断。并制定如下基本要求：凡作物栽培研究要求设置多年多点试验并要有统计学分析，凡品种选育研究要求须为首报且品种通过最新审（认）定，凡综述性文章要求有较强的系统性和专业深度，并要有相当数量的外文参考文献。同时对不同来源的稿件初审区别对待，重点审查作者单位为地区农科所、基层农技推广单位，以及无基金来源的论文，从《福建农业学报》的实践看，这类来稿经初审后退稿率通常比较高。

(二) 外审环节

外审即同行评议，是确保期刊学术质量的基石。审稿专家是稿件学术质量的主要评判者，主要在微观层面鉴审论文的学术水平、研究深度、创新程度、应用价值等，专家的评议结果是论文取舍的主要依据，同时审稿专家还要从专业角度对文稿存在的问题提出修改完善的建议。目前科技期刊通常的做法是送请2位同行专家审评，因此选对选准审稿人是外审的重点（傅佑丽，2009）。

责任编辑选择审稿人的途径有两种：一是选择期刊编委，或从期刊建立的审稿专家数据库中选取专业对口或相近的专家；二是根据论文内容，通过参考文献、网络数据库和网站的专家介绍即时查找对口小同行专家。第一种途径选择较为便捷，遴选的专家具有送审期刊论文的审评经历，熟悉送审期刊的学术定位，能够从整体上掌握审评尺度，对稿件取舍的总体把控比较好，而且也能比较及时审回稿件，缺点是这种途径很难找到与待审论文专业方向和专业深度相一致的专家，如果选择的专家对稿件的研究方向不甚熟悉，审评结果虽有价值但不很到位。第二种途径查找的小同行专家细分专业对口，由于研究方向一致，审评起来比较得心应手，而且也能激发审稿兴趣，从专业角度提出的评议很到位，所提的审评意见很专业，审评意见常常得到作者的信服和佩服。但遴选这类专家常费时费力。编辑常常体会到，精准定位一位非常对口的专家，并不是一件轻松的事。因此责任编辑要根据不同来稿的属性选择不同类型的同行专家。一般情况下，为提高审稿的有效性，可分别从上述两种不同方式选择2位审稿人，从笔者的实践看，这种审稿专家的分工，可以分别从不同角度审评来稿，起到取长补短的作用，值得提倡。当然，如果稿件同时跨越两个细小学科，比如一篇来稿采用了一种复杂的数学模型研究某种昆虫的生态位，那么两审就要分别选择有过类似研究的生物统计学和昆虫生态学的小同行专家。另一方面，如果来稿属于常规的田间试验研究，如农作物新品种选育、肥效药效试验等，则一般送编委或从专家库中选取审稿人审稿即可。

(三) 复审环节

复审环节的参与主体是责任编辑。复审环节按时间顺序包括外审后的复审和返修后的复审两个过程，其中外审后的复审环节是编辑收到两位同行评议意见后对文稿的审查阶段，按编辑投入时间和精力的差异，外审后的复审通常可分为3种不同程度的处理方式。

一是浅度复审。即编辑对同行评议结果加以综合整理，附上期刊格式规范说明，直接反馈给作者。浅度复审速度快，少耗力费神，能在第一时间反馈给作者。但这种复审方式仅适用于文稿学术质量较高、写作规范，且两审专家评审意见都很到位的情况。浅度复审常见于一些初涉编辑工作的人员，以及一些审改稿工作量过大的编辑。尽管有同行评议的把关，但专家限于时间和精力，审稿通常只对文章的内容质量进行总体上的把握（赵丽莹 等，2010）。由于科技文稿中常存在一些"隐蔽性"较强的错误，需要编辑认真辨析才能让问题"现形"（马永祥 等，2001）。因此浅度复审质量难以保障，常会给后续编辑环节添加更多的工作量，甚至带着问题出版，留下无法挽回的遗憾。一般情况下，编辑应尽量避免使用浅度复审。

二是适度复审。这是目前多数责任编辑的做法。即编辑在全面阅读、综合分析专家审稿意见的基础上，对文章的科学性、规范性、逻辑性进行认真细致的审查，包括材料与方法的完整性、统计方法的科学性、结果与分析的合理性、讨论的充分性和结论的恰当性，图表、量和单位、参考文献的规范性，以及文章结构层次的逻辑性和文字表达的简洁性等。适度复审可以弥补专家审稿在内容细节和技术规范方面的不足，是专家审稿的重要补充，两种审稿方式的结合可以使稿件趋于完善。

三是深度复审。这是指编辑在适度复审的基础上，利用自己的知识结构，借助互联网数据库，对文稿的创新性、学术性和应用价值同时进行审评。由于外审有时存在审稿不到位，或两审只有一审返回一审未回的情况，这时编辑的审稿则起到类似同行评议的作用，可以弥补专家审稿的不足。在两份外审意见相左的情况下，编辑的深度评审无疑能提高评判的准确性。一位资深编辑对论文认真细致的审评，有时并不亚于同行评议的效果。编辑通过对论文的深度复审，并与返回的专家审评意见进行比对，还可以发现自己专业方面的长处和不足，通过长期的审稿实践，日积月累，不仅能熟悉专业学科发展的热点与方向，而且能明显提升自身的论文鉴审能力，对日后的编辑工作起到事半功倍的效果。深度复审一般适用于专业基础扎实、专业特长与论文内容方向相似的资深编辑。目前在科技期刊界，具博士学位的高学历编辑人员已为数不少（林松清 等，2012），而且国家有关部门也鼓励科研工作者从事或兼任编辑工作①,因此深度复审将成为科技期刊审稿制度发展的趋势。

(四) 终审环节

主编(含执行副主编)是期刊整体学术定位的决策者,主要从宏观层面把控整刊的学术质量,负责制定并实施审稿各环节的基本原则和要点,在微观层面,负责每篇拟发论文的终审工作,重点是复审疑难稿件以决定取舍;主编还应注意通过稿件的审理实践培养编辑人才,以不断提高编辑的学术鉴审水平。科技期刊主编终审稿件的主要做法有以下4种类型。

一是全方位终审。主编认真细读每一篇稿件,包括内容、术语、措辞、规范等,逐一复核同行评议和编辑复审意见,妥善解决两审中的疑难问题,权衡稿件的发表价值,通过全面审核,力求不出现任何差错。这种终审方式能够尽可能地把好每一篇论文的质量关,因为即便是优质稿件,也不可避免存在一些差错。但这种面面俱到、平均使力的终审方法,需要主编花费大量的时间和精力,不仅影响了主编对期刊策划和组稿等其他方面的工作,也会导致稿件在终审阶段滞留积压,这种终审做法一般适用于编辑力量比较薄弱,或发文量比较少的专业性期刊。

二是按稿件层次终审。主编要求责编移交的稿件按优质稿、可用稿、问题稿、不用稿分类。优质稿以格式审读为主,优先终审优先发排;可用稿以通读为主,结合审查两审和复审的意见进行有效把控;主编终审的重点对象是问题稿,经过初审、外审和复审3个环节的层层把关,以及作者的反复修订完善,稿件的取舍判断已越来越清晰,稿件中存在的问题也越来越少,留待终审的问题稿,多数是一些难于决断的疑难问题,这类稿件不会很多,主编可以集中精力来处理这类稿件。这种分门别类、各有侧重、分层次终审的方法,能兼顾质量与效率,适合多数科技期刊。

三是根据编辑水平终审。对具副编审以上职称、经验丰富的资深编辑责编的稿件,花费较少的时间和精力终审,对从事编辑时间短,经验不足的编辑,其责编的稿件重点把关,同时注重通过稿件终审,在实践中培养年轻编辑。同一期刊编辑部,编辑处理稿件的态度、经验和能力不一,编辑水平参差不齐,其中专业与业务素质强的优秀编辑、资深编辑,其处理的稿件即使

---

① 中国科学技术协会,教育部,国家新闻出版广电总局,等.关于准确把握科技期刊在学术评价中作用的若干意见[EB/OL]. http://www.gapp.gov.cn/news/1663/268504.shtml

不经终审，也能达到发稿要求，这类编辑令主编放心，减轻了主编的终审负担。主编利用稿件终审，通过言传身教，注重在实践中提升年轻编辑的审稿能力和业务素质，从而提高编辑团队的整体实力。这种终审做法也适合多数科技期刊编辑部。

四是宏观层面的总体把控。在对责任编辑提出高标准严要求的基础上，主编终审稿件主要从宏观层面总体把控。前三审所积累的评审素材，足以支持主编直接做出稿件取舍（毛善锋，2009），至于内容和形式方面的细节问题则主要依据外审和责编的把关。主编还通过对拟发排稿的数量、质量和特色的分析，把结果反馈给责编，如拟发稿件充足，则要求责编重心前移，提高稿件学术质量的把控度，降低录用率，避免后期稿件的积压。主编把主要精力放在期刊的策划、定位和发展方面，比如参加相关学术会议，与学科带头人打交道，深入高校院所开展论文写作讲座与研讨等，利用自己的专业视野、学术影响力和学术关系网，跟踪学科发展热点有针对性地组稿，在第一时间吸收优质稿源（徐书荣 等，2011），从源头上提高期刊的稿件学术水平。这种终审方式主要适用于整体编辑团队实力强的编辑部。

三、结　语

科技期刊审理流程的初审、外审、复审和终审四者之间既互相联系，又相互制约，各自起着相应的作用，初审是基础，外审、复审是关键，终审是决策。科技期刊编辑部要根据自身的客观实际采用合适的审稿机制和方式，并在实践中不断优化完善，不断提高审稿各环节的有效性和高效率。从科技期刊的发展看，初审环节要提高淘汰率，避免稿件积压，减轻后续工作量，外审环节注意选择不同角度的专家，复审环节提倡编辑参与审稿，终审环节要分层次把关。科技期刊编辑部还要注重在审稿实践中不断提升编辑的整体素质，形成强有力的编辑团队，主编和编辑把更多的精力投入期刊的策划工作，组织优秀稿源，从源头上提升期刊稿件的质量水平。在拥有高素质编辑团队的前提下，主编的职责从以终审为主转变为以策划为主，这也许是科技期刊的发展趋势。

第二节　参考文献在审稿中的应用

专家审稿是学术期刊编辑出版过程中的重要环节。科研论文通过送同行专家审评，评价论文的内容有无创新，研究手段是否先进，研究方法是否正确,研究态度是否严谨,是决定论文能否刊登的关键所在。专家审稿,实质上是对论文质量的学术把关,是提高科技期刊学术质量的重要保证。当今,科学技术的发展日新月异,一方面,各专业学科的划分愈来愈细。据统计,仅自然科学的学科门类就有 2 000 多个。而且学科的专业化程度越来越深,研究层次越来越高。另一方面,各专业学科又相互交叉、渗透,交叉学科、边缘学科不断涌现。现代科学技术的这种高度分化和综合,对学术期刊工作提出了挑战。

实践证明,对于一些专业程度较深的论文,即使是专业对口的专家,如果他的研究领域与所审论文课题的研究领域不同,对文稿的评审就有可能得不到理想的效果(王玲 等,1997),甚至有"隔行如隔山"之感,所提供的评审意见常常不能到位。为了提高专家审稿的质量,不少专业编辑通过多种方式和手段建立了自己所负责的专业、学科审稿人名录,并在日常编辑活动中不断更新。笔者根据多年的编辑实践认为,在建立审稿人档案的基础上,利用作者参考文献所提供的信息,对选择对口的审稿专家具有重要的意义。

一、参考文献在选择审稿专家中的作用

利用作者的文后参考文献选择论文的审稿专家,至少具有下列几个方面的优点。

(1) 大多数科研工作者,对于自己所从事的研究领域无疑是最感兴趣的。当他收到一篇恰好与他的研究课题相同或相似的论文,由于他对论文的研究领域比较熟悉,他就能对稿件内容的每个细节进行认真的推敲,对于专业术语的规范化、文后参考文献的真实性、完整性等能做出一般审稿人不易觉察的订正,对稿件是否具有科学性、创新性等重大问题能做出客观的审评,对稿件存在的问题和不足也往往能击中要害,对稿件的修改意见提得比较详细具体,甚至还能为作者今后进一步的研究方向提出宝贵的意见和建议。

(2) 大多数科研工作者,往往比较关心其论文发表后的被引情况,当他被选为审稿人审阅一篇引用了他的论文的稿件时,常常会引起他的兴趣和关注,即使工作再繁忙,也能及时予以审评,审稿周期也较一般审稿人为短,审稿态度也更为认真。

(3) 有的审稿人还能够从作者的研究论文中得到新的启示,藉以进一步深化自己的研究工作。或者直接与作者联系,加强双方的合作研究,从而

把审稿工作延伸到科学研究之中。

二、如何利用参考文献寻找对口的审稿专家

利用作者引文寻找审稿对象，首先要对作者的引文进行一番认真细致的分析，根据笔者多年的编辑实践，主要有下列几方面的体会。

（一）选择与作者论文密切相关的参考文献

这是找准审稿人的前提。一般可以从引文题目进行判断，如果仍然没有把握，最好查寻被引文献的原文，进行进一步的判断分析。

（二）分析被引文献的作者是否具备审稿人条件

这是找准审稿人的关键。学术期刊要求审稿人是某一专业方面造诣较深的专家，至少要具备相当于副高级以上专业技术职称。因此对于被引文献的作者需要进行进一步的筛选，一是查寻是否已编进自己所建立的审稿人档案；二是浏览高校或科研单位的网站，从"人才队伍""师资力量""专家名录"等栏目查寻目标审稿人的简历；三是进一步查阅被引文献原文，目前不少学术期刊附有作者简介，可从中鉴别作者是否具备副高级以上职称或博士以上学位；四是查阅有关科技期刊和有关研究生招生名单，了解作者是否系某一期刊的编委或研究生导师；五是通过各种联机检索，分析作者是否在权威性学术刊物发表5篇以上该研究方向的专业学术论文。具备上述条件之一，即可作为审稿专家的适合人选。

（三）选择参考文献中学术水平较高的连续出版物

一般在权威性学术刊物发表论文的作者多具有较丰富的科研实践经验和较高的学术造诣。

（四）选择近期被引文献作者

论文的发表年限越久，研究成果越老化，作者变更研究方向的可能性也越大。

（五）不可忽视对被引文献通信作者的分析

通信作者往往是学科带头人、研究课题的负责人、研究生导师或专家名流。

学术期刊的论文外审，一般采用两位同行专家二审的制度。笔者的做法是，对专业程度较深的论文，其中一位送期刊编委审，或从自己建立的审稿人档案和已出版的有关名录中选择；另一位尽可能从被引文献的作者中查

寻。从被引文献作者中选择的审稿人绝大多数是认真负责、公正严谨的，但并非绝对无误，主要应防止两种倾向：一是少数审稿人与作者有密切的工作联系或人际关系，比如双方进行课题合作研究，有时把关不严，出现人情上的照顾现象；二是极个别审稿人有着"同行相轻"的心理，对突破现有水平的研究成果容易主观否定，或把其论文束之高阁，甚至压制或剽窃作者的科研成果（刘瑞兴，1993）。因此，分别从不同角度选择两位审稿专家，可以在一定程度上防止上述现象。

利用参考文献寻找审稿专家，不是一件轻而易举的事，也并非在所有的论文中都能够查到，即使能够查到，也常常需要花费大量的时间和精力。比如当被引文献所提供的信息量还不足以做出判断时，需要去查阅文献的原文，甚至还要查阅文献中的文献，进行文献的追溯过程。编辑通过查阅有关文献，还可以从中了解本专业较深的新知识、新信息，有利于促进自身学术水平的提高，所寻找的审稿专家，还可以进一步充实到自己建立的审稿人档案中。通过长期的编辑实践，逐步建立起一支门类齐全，学术造诣深，学风正派，责任心强的审稿人队伍，确保科技期刊的学术把关。

第三节　网络数据库在审稿中的应用

随着信息技术的日益发展和科技期刊编辑出版条件的不断改善，网络文献数据库在科技期刊编辑出版工作中已得到越来越广泛的应用。中国知网（CNKI）、维普资讯网（VIP）和万方数据（WD）是目前我国影响力和综合利用率很高的三大网络文献全文数据库。近年来，三大数据库的收录量不断扩大、产品种类日益丰富、检索功能趋于完善。三大数据库在发展历程中形成了各自的特点和优势。目前，我国大多数科技期刊已全文加入三大数据库，并获得了三大数据库的全文下载（浏览）限量免费账号。然而，由于不少编辑对网络文献全文数据库的特点和功能认识不足，对技术先进、功能强大、在编辑工作中起重要作用的大型数据库系统没有引起足够的重视并充分地利用，造成信息资源的浪费。为此，笔者对三大数据库中科技期刊编辑较常用的资源（产品）的特点和功能进行了比较分析，并结合科技期刊编辑实践，论述三大网络文献全文数据库在科技期刊编辑工作中的具体应用。

一、国内大型网络文献全文数据库的特点

(一) 期刊全文数据库

期刊全文数据库均是 CNKI、WD 和 VIP 三家数据库的核心产品。从收录的期刊种数看，至 2020 年，CNKI 共收录国内学术期刊 8 000 余种，全文文献总量 5 700 万篇，内容覆盖自然科学、工程技术、农业、哲学、医学、人文社会科学等各个领域；外文学术期刊包括来自 60 多个国家及地区 650 余家出版社的期刊 57 400 余种，覆盖 JCR 期刊的 94%，Scopus 期刊的 80%，最早回溯至 19 世纪，共计 1.0 余亿篇外文题录，并可链接全文。VIP 累计收录期刊 15 000 余种，现刊 9 000 余种（其中包括部分内部发行的期刊），文献总量 7 000 余万篇。WD 期刊资源包括国内期刊和国外期刊，其中国内期刊共 8 000 余种，涵盖自然科学、工程技术、医药卫生、农业科学、哲学政法、社会科学、科教文艺等多个学科；国外期刊共包含 40 000 余种世界各国出版的重要学术期刊，主要来源于 NSTL 外文文献数据库以及数十家著名学术出版机构，以及 DOAJ、PubMed 等知名开放获取平台。从收录中外期刊论文总数和收录起始年份看，则以 CNKI 为最多、最早，收录自 1915 年至今出版的期刊，且全部提供全文信息，其中对许多刊物的收录能够回溯至创刊。

(二) 学位论文数据库

高校硕博士学位论文已成为我国重要的学术文献源。CNKI 的学位论文数据库近年来发展迅速，是目前国内资源完备、质量上乘、连续动态更新的博硕士学位论文全文数据库。至 2020 年，共收录了全国 494 家培养单位的博士学位论文和 773 家培养单位的优秀硕士学位论文，并能全部提供全文检索，收录年限可追溯到 1984 年。WD 收录了自 1980 年以来我国自然科学和社会科学各领域的硕士、博士及博士后研究生论文的全文。

(三) 会议论文数据库

三大数据库中，CNKI 和 WD 提供了会议论文数据库。CNKI 重点收录 1999 年以来各种全国性重要学术会议以及在国内召开的国际会议上发表的文献。其中，国际会议文献占全部文献的 20% 以上，全国性会议文献超过总量的 70%，已收录出版国内外学术会议论文集 3 万本，累积文献总量 300 万篇，部分重点会议文献可回溯至 1953 年。WD 的会议论文数据库堪称目前国内收集学科最全、数量最多的会议论文数据库，中文会议收录始于

1982年，年收集3 000多个重要学术会议，年增20万篇论文；外文会议主要来源于NSTL外文文献数据库，收录了1985年以来世界各主要学协会、出版机构出版的学术会议论文共计766万篇（部分文献有少量回溯）。

（四）其他数据库

CNKI和WD还推出了报纸、图书、年鉴、方志、专利、标准、科技报告、科技成果、法律法规、政府文件、统计数据，以及工具书、词典、百科全书等众多数据库，尤以报纸、年鉴、词典全文数据库对编辑工作有着很高的利用价值。

（五）知识链接

引文是科技论文的重要组成部分，反映了论文研究领域的延续性。三大数据库均包含有引文链接，CNKI实现了通过知识元链接和引文链接两种方式将CNKI中的所有知识信息从内容上关联起来。点击CNKI期刊全文数据库中的论文题名，可显示该论文的信息的相关引证关系的完整链接，包括论文作者、单位、刊名、关键词、参考文献、共引文献、二级参考文献甚至近似文献的链接，且能直接链接至全文，能即时查到已发表论文的被引频次、引用期刊和引用的文献，通过文献链接还可以查到文献的全文。

（六）在线翻译

为方便科技工作者进行科技翻译，CNKI和WD提供了汉英-英汉科技词典。CNKI的"知网词典"，可以进行英汉互译。数据实时更新，系统对翻译请求中的每个词给出准确翻译和解释，同时给出大量与翻译请求在结构上相似、内容上相关的例句供参考。

（七）期刊导航

三大数据库的期刊导航功能都较为齐全，都可以按字顺、按学科分类或按出版地区浏览刊物，也可以用刊名或刊号来检索刊物，都提供刊物的彩色封面、有关刊物的版权项、主要栏目、获奖情况、是否核心期刊等信息，且都可按照刊物卷期浏览目次及全文。其中，CNKI可以从学科、数据库刊源、刊期、主办单位、发行系统、期刊荣誉榜、核心期刊等途径浏览刊物，且按刊检索的论文较齐全，许多期刊可以回溯至创刊。

（八）论文检索导航

检索导航是检索文献数据库的切入口。三大数据库具有功能较完备的论文检索导航。包括：检索项、匹配度、逻辑、时间范围（年份范围），刊源范围、递进检索，包括了"主题""题名""关键词""摘要""作者""单位""刊名""全文""分类号""参考文献"和"基金论文"等检索项。

（九）论文信息显示

对期刊全文数据库检索的结果，点击论文题名，即可显示出检索论文的全部信息，而且该信息是免费提供给用户的。三大数据库均给出了包括题名、作者、单位、关键词、摘要、刊名及刊期、分类号等论文的详细信息，以及必要的英文对照。而且还能提供了包括共引文献、二级参考文献、相似文献等引文链接相关信息。此外，三大网络数据库收录的文献信息可以通过百度等搜索引擎查到。

（十）期刊评价平台

三大网络文献数据库都推出了期刊文献计量学评价平台，其中以 CNKI 最为全面，包括个刊影响力及与他刊比较分析、国际引证年报、国内影响因子年报、网络传播情况、办刊要素统计等。

二、网络数据库在编辑工作中的应用

（一）更新专业知识、提高业务技能

在知识经济时代，科技期刊编辑要有足够的知识储备，不断进行相关专业知识的积累和更新，跟踪学科发展前沿，才能胜任编辑出版各环节的工作。三大数据库对已发表的论文逐一进行专业归类，按照"中图分类法"进行学科归类、数字化加工和整合，并提供完善的文献链接，适合专业编辑按学科进行检索。专业编辑通过阅读某一学科的最新研究论文，再通过文献链接检索内容相关的文献，就能较全面了解近期本学科领域的研究重点和热点。而且，三大数据库还收录了几乎所有的出版事业类期刊，这些期刊刊载了大量有关编辑出版实务方面的论文，科技期刊编辑平时可以有针对性地进行检索，通过学习，用于指导自己的编辑业务工作。

（二）鉴审论文的创新性

三大数据库收录了近 30 多年来我国绝大多数的科技期刊文献全文，编辑根据待审稿件内容，通过数据库的主题词、篇名、关键词或学科分类检索，可以迅速地查找到论文所研究领域的文献总量；通过出版年份检索、核心期刊检索、基金项目检索和学位论文检索等，可以更进一步对论文的创新性做出科学判断，有效地避免低水平重复论文或拼凑甚至剽窃他人成果的稿件发表出去。通过作者名检索，可基本了解作者在相关领域的研究状况和近期发表的论文，对作者的学术背景有一大致了解，进一步还可了解到作者是否发表过与待审稿件类似的论文，以防一稿多发，特别是能防止变相的一稿多投现象。

（三）鉴审参考文献的正确性和引用的合理性

文后参考文献是论文的重要组成部分，也是反映论文学术水平的一个重要窗口。利用网络文献全文数据库，检索待审论文的文后参考文献，进一步阅读重要文献的全文，并与待审文稿进行比较分析，可识别文稿是否存在文献转引现象，辨别文献是否为合理引用或存在抄袭行为。参考文献的著录格式有专门的标准，文后参考文献著录缺项和文字错漏是编辑经常遇到的问题，如文献作者缺前3位，作者、题名、刊名等文字录排有误，有时连作者一时也无法解决，而三大网络数据库均能提供免费的论文信息显示，对所收录的论文各著录项都有详细说明，尤其是CNKI具有规范完备参考文献著录格式，选择所要鉴审的文献，点击"导出/参考文献"，在"文献管理中心"可以输出该文献的规范著录格式，参考文献的错漏问题就能迅速得到解决。CNKI收录了几乎所有科技期刊近30年发表的论文和大量外文文献，有的期刊能回溯至创刊，基本上能满足对文稿的文后参考文献中期刊文献的鉴审。

（四）查找审稿专家

学术期刊要求选择两位同行专家作为审稿人，而且审稿人最好能从事与所审论文相近或相关的研究方向。利用网络数据库选择对口审稿专家的方法是：对待审论文进行相关主题检索，得到近期与所审论文相关的学术文献的作者，或者从待审论文的参考文献中选择有过相关领域研究的作者，对初步选定的作者，进行作者名检索，查看其近期发表重要论文的数量、所发表期刊的学术等级、作者简介以及获基金资助情况等信息，以评价作者的学术水平，对于论文质量高且"作者简介"显示为副高级以上职称且博士学位者，可以选聘为审稿人。另外，如果检索到与待审论文密切相关的硕（博）士学位论文，则可直接选择该学位论文作者的导师作为审稿人（WD和CNKI数据库均有显示论文作者的导师信息）。

（五）了解相关刊物的办刊特色

三大数据库都提供了较为完善的期刊导航，从封面设计、版权信息、主要栏目、获奖情况和数据库收录情况，到每期刊物的目次表甚至全文，均可以很方便地检索到。在期刊如林的竞争中，如何进行刊物的准确定位、把握办刊特色,是刊物能否更好地生存和发展的重要因素。科技期刊编辑通过期刊导航检索,分析同类刊物在选稿定位、学科分布、栏目设置、发表时差、编排格式等方面的长处、特色,借鉴他人的做法和经验,取长补短,可以更好地提高自身期刊的办刊水平。

(六) 了解期刊和论文的被引情况和被访问量

反映期刊或论文学术水平和影响力的主要指标是期刊或论文在单位时间内的被引情况。编辑利用 CNKI 的引文数据库,选择"被引文献来源"检索项和"精确"匹配,检索词输入所要分析的期刊刊名(如自己所编的期刊),可以得知被检期刊已发表论文在单位时间内的被引用频次及排序,了解所办刊物在同类期刊中的地位和影响,以便及时调整办刊方向,办出自身的特色。点击被引论文题名,可进一步得知该论文究竟被哪些刊物、哪些文献所引用。通过了解所编期刊论文的被引情况,可以总结选稿经验得失,分析哪些作者、哪些研究领域具有较高的学术影响,从而为今后优化选题、提高刊物学术水平提供帮助。CNKI 每年推出的《中国学术期刊影响因子年报》,内容涵盖我国正式出版的 7 000 多种学术(技术)期刊发表的文献计量学指标和用户访问量统计结果,包括各入编期刊近 5 年的载文量、基金论文比、总被引频次、他引总引比、影响因子、5 年影响因子、即年指标、被引半衰期、Web 即年下载率,以及用户下载频次、浏览数和访问量等。入编期刊利用 CNKI 赠送的账号可很方便地查询到上述统计结果,该系统为各期刊了解自身的社会影响力与学术影响力的变化提供了一个动态的观察窗口,也为各学科期刊之间的比较与评价提供了一组客观、公正的数据参考。

(七) 查找合适的英译方式

编辑在审查专业论文的英文翻译时,往往会被一些专业词汇的英译所困惑,或者对一些专业词汇的规范翻译不太清楚。利用 CNKI 的在线词典,可以迅速查到相关专业词汇。如果要得到较为规范的专业翻译,需要检索 CNKI 的期刊全文数据库。方法是:把所要翻译的词汇或短语以"题名""关键词"或"摘要"作为检索项,以"精确"方式检索近期在核心期刊或 SCI 收录期刊上发表的论文,进一步查找论文的篇名、关键词、中文摘要含有的被检词汇的英译,通过对多篇论文的英译进行比较,从中选取最为科学的英译方式作为参考。

(八) 解决编辑加工中的疑难问题

编辑在稿件的文字加工中常常会遇到各种问题,如专业术语、新出现的缩略语、未见过的计量单位、作者笔误、歧义词语等等，对于这些疑难问题，既不能简单地遵从作者的表达方式，也不能任凭自己的直观判断，应养成借助网络文献检索或网络搜索引擎搜索来甄别的习惯，尤其是可参考高质量期刊、高水平作者的表达方式，对检索（搜索）结果通过比较分析，谨慎地进行核实并加以订正。

总之，拥有海量信息源和强大检索功能的三大网络文献全文数据库，是当今科技期刊编辑审改文稿、解决编辑工作中疑难问题不可或缺的良师益友。三大数据库的产品和功能各有其优势和特色。就文献量、文献种类、收录年限、检索功能、链接功能、评价功能而言，以 CNKI 最为完善。编辑在实际应用三大数据库时，应发挥它们各自的优势，根据编辑工作中的具体情况灵活运用。目前三大数据库每年提供给各入编期刊定额的免费全文下载或浏览检索账号，按页计算扣除费用。CNKI 的早期文献全文提供免费下载，VIP 还有大量免费开放获取的文献资源。因此编辑在实际运用时可以统筹考虑，优化配置，节约使用；如果仅通过检索数据库的免费资源（如论文信息显示）就可以解决问题，则不必使用三大数据库提供的账号打开全文。相信今后随着三大数据库文献产品和检索功能的不断完善和扩展，其在科技期刊编辑工作中将发挥更为重要的作用。

第四节　网络平台在防范学术不端中的应用

党的十九大作出了关于"加快建设创新型国家"的战略部署，优良的作风和学风是建设创新型国家和世界科技强国的根基，决定科技事业的成败。科研诚信是科技创新的基石，也是科研人员必须坚守的底线。

科技期刊是原始创新的重要平台，在推动国家创新体系建设中发挥重要作用，在成果报道和学术传播中具有重要的预警、监督和纠错功能[①]当前，科技期刊融合发展日新月异，大数据资源、数字化平台为防范论文学术不端行为提供了良好的条件保障。科技期刊编辑要善于利用现代大数据技术和期刊数字出版平台，不断加强科研诚信建设，筑起学术不端行为的一道防线。为此，笔者结合长期从事科技类学术期刊编辑出版的实践，分析学术期刊编

---

① 中国科学技术协会等五部委．关于准确把握科技期刊在学术评价中作用的若干意见［EB/OL］．（2015-11-11）［2019-08-05］．http：//www.gapp.gov.cn/news/1663/268504.shtml

辑如何利用网络平台加强科研诚信建设,有效防控论文的学术不端行为。

一、加强理论与业务学习,提高识别学术不端行为的能力

学术期刊编辑负有对期刊论文学术质量和学术诚信双重把关的职责。学术期刊编辑只有自己具备丰富的专业素养,熟悉有关政策和标准规范,才能对相关的学术问题进行有效甄别、认定与评价,因此编辑平时要积极利用网络资源,不断强化自己的政策法规修养和专业知识储备。

一是利用"学习强国"等理论学习平台,认真学习领会党的十九大精神和习近平新时代中国特色社会主义思想,学习习总书记关于诚信建设、科学道德和学风建设的重要指示精神,认真学习领会党和国家关于科研诚信和作风学风问题的一系列重要文件。如中办、国办印发的《关于进一步加强科研诚信建设的若干意见》(2018年5月)、《关于进一步弘扬科学家精神加强作风和学风建设的意见》(2019年6月),两个《意见》是指导新时代科研作风学风建设的纲领性文件,体现了党中央国务院对科学研究作风学风建设一以贯之的高度重视,决心坚定,部署全面,力度空前。

二是利用政务网等公共服务平台,及时了解掌握相关部门出台的规范学术期刊出版、防范学术不端行为的政策与标准。如国家新闻出版管理部门发布的《关于规范学术期刊出版秩序促进学术期刊健康发展的通知》(新广出发〔2014〕46号)、《学术出版规范:期刊学术不端行为界定》(CY/T 174-2019),通过学习,以明确学术期刊的准入制度、质量要求、出版规范和应具备的8个条件,总体掌握学术不端行为的分类、表现形式和界定依据。

三是把网络搜索作为编辑工作和业务学习的常用手段。编辑应能够熟练应用各种检索工具,经常检索相关学科的数据库或专业网站,锁定专业的前沿研究及热点问题,了解掌握具有一定深度和广度的学科研究新动态,通过定期浏览阅读,更新知识储备,拓展学术视野,厚植学术底蕴,不断提高自己的学术判断能力,只有自己具备扎实的专业素养和学科知识,才能在审核论文时科学辨别学术真伪,及时发现造假行为。

四是搜索收集有关涉及论文造假、SCI撤稿事件等严重学术不端行为的典型案例,在编辑部开展案例分析,认识抄袭、剽窃、造假等学术不端行为对科研事业和学术生态危害的严重性。同时,针对撤稿事件,就学术期刊的出版伦理把关责任问题开展讨论,发现症结所在,吸取反面教训。也正是由于一些学术期刊存在质量不高、管理不善、把关不严等问题,才给造假者以可乘之机。一系列严重学术不端的典型案例,不仅给学术界敲响了学术诚信

的警钟，也给学术期刊界带来了深深的思考。

二、积极宣传引导，提升作者的学术规范意识

笔者在长期的编辑工作中发现，有的作者学术规范意识较为淡薄，撰写学术论文缺少严谨求实的态度。为此，《福建农业学报》重视利用网络平台对作者的宣传和引导，使之端正学术态度、重视学术规范，树立正确的价值观名利观，防患于未然，避免从学术不当走向学术不端，从学术失误走向学术失信。

一是利用期刊官网和微信公众号，及时转发国家颁布的涉及科研诚信的意见、通知和相关资讯，发布论文写作的规范与标准、投稿应注意的事项、论文署名常见问题与诚信提醒、论文学术不端行为界定标准等。通过期刊网络媒体，及时宣传报道科研诚信和学术规范方面的新方针、新标准、新信息。比如《学术出版规范：期刊学术不端行为界定》（CY/T174-2019）颁布后，笔者不仅第一时间组织编辑认真学习领会，而且第一时间在期刊官网转载，以强化作者的学术规范意识。

二是利用网刊在线咨询、微信、QQ等平台，针对科研诚信和学术不端问题，经常与作者进行交流互动和问题答疑，探讨学术论文写作知识，分析各种学术不端行为的表现形式，提醒科研人员注意撰稿投稿应有的学术规范，包括作者署名规范、基金标注规范、引言表达规范、参考文献引用规范等容易出现学术问题的地方。

三、善用采编系统，从源头上防范学术不端行为

规范的学术期刊编辑出版流程管理制度，是防范学术不端的有力保障。期刊在线采编系统能够提供自动便捷的功能，实现来稿的学术诚信提醒、学术不端检测、形式规范控制、参考文献关联、同行评议优化等。科技期刊编辑要善于利用期刊采编系统，加大对来稿的排查与审核力度，强化对学术不端行为的防范。

一是利用期刊在线投稿系统，强化作者的学术诚信意识。《福建农业学报》在期刊采编系统的投稿环节设置了学术诚信提醒，作者进入投稿系统后需要明确以下4个内容：①文稿为原创性、数据真实；②署名排序无异议且全体作者知情；③合理规范引用他人成果；④承诺文稿不存在抄袭、编造、篡改、一稿多投等行为；点击全部同意后方可进入下一步投稿流程。投

稿成功后系统还会自动向论文所有作者反馈投稿信息，让全体作者进一步知情。文稿录用后，作者需要上传与编辑部签订的版权协议，承诺承担论文学术诚信的主体责任并知晓违约后果。

二是在采编系统中关联学术不端检测软件，实现多系统、多阶段在线查重。目前国内外主流的采编系统技术较为成熟、功能较为完备，腾云、勤云采编系统自动链接到 CNKI 学术不端检测软件（AMLC），玛格泰克、三才的采编系统则关联了万方论文查重检索平台。编辑要充分使用多种学术不端检测系统，以克服单一检测系统的不足。对于重复率低于编辑部标准的论文，比对检测报告中疑似抄袭的来源文献，深入分析是否存在改写等隐形的学术不端行为，特别注意存在不实参考文献的论文、提前检测的论文，以及多次被检测的论文（陈志贤 等，2017），并加强对退修稿的再次查重，以防返修环节出现学术不端。

三是掌握应用采编系统集成的格式预审、文献关联、专家遴选、自动校对等辅助功能。在线采编系统其本身提供了一系列形式质量控制规范，能够在投稿服务流程中实现形式质量控制，同时提供参考文献、相似文献、作者发文等相关文献的关联，这些辅助功能是编辑初审和同行评议的有力助手（司珊珊，2017），如通过参考文献关联，可以直接链接到数据库，可以浏览参考文献的摘要或全文，判断是否存在引用不当、重复发表或抄袭等行为。同行评议是学术期刊质量的有效保证，同行专家对专业知识和行业信息的了解是解决学术不端问题的重要手段（李艳红 等，2016），在线采编系统能够在数据库中智能优选推荐和评价审稿人，不但能够遴选到专业对口的小同行专家，实现严谨、细致而深入的专业审评，而且还能对审稿人的审稿历史进行智能化评价，预防审稿人的不端行为。

四、借助大数据技术，有效识别学术不端行为

基于文献数据库的稿件比对，可以识别深度学术不端行为。从来稿的题名、摘要中提取若干主题词，利用百度学术、万方数据，或采用 CNKI 的高级检索，可以很方便地搜索到同类文献，通过比对与来稿题名相似的文献全文，可以评判来稿是否存在深度的抄袭行为，通过检索作者和单位，比对其历史文献，可以判断作者是否有过度拆分发表、过度自引文献（朱银周，2017），或者通过"表改图""表改文"的方式出现隐性重复发表行为。

CNKI 建立了基于大数据技术的期刊评价平台，其中"个刊影响力评价数据库"汇集了历年本刊发表过文献的全部作者在本刊及其他期刊发文情

况和被引情况，并统计作者总发文中涉及疑似学术不端文献数量，包括一稿多发、修改重发、疑似抄袭等行为。编辑可以进入系统，对作者发表的可疑学术不端行为的论文逐一比对原文分析，如确认作者有学术诚信问题，则可对该作者今后的投稿进行重点监控，甚至把问题作者列入黑名单。

五、加强出版自律，坚守学术出版的规矩和底线

作为学术期刊编辑，一要具备敬业奉献的学术情操，本着对科学负责的精神，对学术不端的审查不能图省事、怕麻烦，发现论文中存有不诚信的疑点，就要一追到底（申海菊，2015），更不能为造假者开绿灯，为关系稿开后门。二要坚持诚信自律。少数学术期刊存在人为干涉引证指标行为，如通过不当自引，或期刊之间结成互引同盟，使参考文献的科学性、权威性、代表性严重失真，学术出版与学术真谛背道而驰。学术期刊编辑应当坚守学术规矩，坚行务实学风，不做虚假引用，不操纵影响因子，做科学精神的遵循者。

六、学术不端防范需要协同推进，学术诚信建设任重道远

对论文学术不端的识别难度大、要求高。第一，学术不端的识别是一项专业性很强的工作，特别是涉及学科前沿等专深领域时，仅靠编辑自身的专业素养还难于胜任，需要学术共同体的协同参与。第二，科研容错和学术不端的边界有时候是模糊的，不能把科研失误认定为学术不端行为；同时，无意犯错的学术不当和有意造假的学术不端，两者性质不同，对其认定和处置方式有着本质的区别。第三，无论是查重软件，还是采编系统，其功能和智能还存在不同程度的局限性。第四，期刊编辑人员的业务水平、知识储备还有待加强，利用大数据技术科学甄别学术问题的能力还有待提升。

良好的科研生态需要各方面共同努力。第一，广大科研工作者，要潜心研究，淡泊名利，求实创新，敬业奉献，坚守学术良知，坚持诚信为本。第二，科研院校要履行监管的主体责任，加强对科研人员的诚信教育、诚信提醒，完善内部管理，制定科学合理的评价机制，营造风清气正的良好学术生态环境。第三，学术期刊编辑和学术共同体要通力协作，分别从不同角度、不同层面加强对学术诚信问题的有效监控。第四，大型数据库和数字出版系统的供应商、服务商，要能开发出更为优秀的学术出版平台和查重检测软件，为学术不端的防控提供强有力的技术支撑。

总之,学术期刊编辑工作者,要以习近平新时代中国特色社会主义思想为指导,深入学习贯彻党的十九大精神,学习掌握新时代的新技术新信息,大力弘扬兢兢业业、默默奉献的工匠精神,做学术不端行为的监督者、把关者,做学术诚信文化的崇尚者、捍卫者,在建设世界一流科技期刊的时代责任中坚守初心、勇担使命!

参考文献

陈志贤,等,2017. 防范学术不端论文出版的立体策略 [J]. 中国科技期刊研究,28(7):605-609.

傅佑丽,2009. 从稿件本身入手准确遴选审稿人 [J]. 编辑学报,21(4):338.

姜敏,等,2014. 建立"编委初筛"环节强化稿件初审工作 [J]. 编辑学报,26(1):49.

李艳红,等,2016. 论科技期刊对学术不端行为的监管作用 [J]. 编辑学报,28(5):421-423.

林松清,等,2012. 试论科技期刊编辑人才梯队建设与对策 [J]. 中国科技期刊研究,23(3):494.

刘瑞兴,1993. 学术性科技期刊的审稿人系统及其优化. 中国科技期刊研究,4(1):20-22.

马永祥,等,2001. 科技期刊审稿及编辑加工应把握的要点 [J]. 中国科技期刊研究,12(3):223.

毛善锋,2009. 优化流程细化分工 接力打造精品期刊 [J]. 编辑学报,21(6):533.

申海菊,2015. 科技期刊编辑重构学术诚信的领导艺术 [J]. 编辑学报,27(2):116-118.

司珊珊,2017. 基于在线投审稿系统的科技期刊论文质量控制 [J]. 编辑之友(11):37-42.

王玲,等,1997. 严格的审稿系统和"双盲法"审稿方式. 中国科技期刊研究,8(2):57-58.

翁志辉,等,2007. 三大网络文献全文数据库的特点及其在科技期刊编辑工作中的应用 [J]. 学报编辑论丛:23-127+130.

翁志辉,等,1998. 参考文献在选择审稿人中的应用 [J]. 编辑学报(3)140-141.

翁志辉, 2019. 学术期刊编辑要善于利用网络平台防范学术不端行为 [J]. 编辑学报, 31 (S2): 190-192.

翁志辉, 等, 2016. 论学术期刊审稿环节的优化 [J]. 编辑学报, 28 (6): 532-535.

徐书荣, 等, 2011. 科研院所主办的科技期刊主编的角色定位 [J]. 中国科技期刊研究, 22 (3): 436.

赵丽莹, 等, 2010. 对专家审稿的分析和思考 [J]. 编辑学报, 22 (2): 146.

朱银周, 2017. 利用文献数据库加强审稿过程中的学术质量判断 [J]. 中国科技期刊研究, 28 (7): 669-674.

第四章 农业科技期刊的编辑加工

第一节 农业科技期刊编辑加工的"度"

稿件的编辑加工是编辑"六艺"中的主要环节[①],是编辑的经常性工作和基本功之一,也是编辑多方面素质的集中体现[②]。对科技期刊而言,文稿的编辑加工主要包括学术性问题的编辑加工、文字方面的修改加工和稿件的技术性处理3个方面[③]。高质量的编辑加工,是确保科技期刊质量水平的基石。编辑对一篇文章进行编辑加工的程度,存在着很大的弹性。不同学术质量和写作水平的文稿,编辑的着力点也各不相同,编辑加工的深浅程度也各异。依据编辑对文稿加工的程度,可分为浅度加工、适度加工、深度加工和过度加工4个方面。为此,本节对科技文稿编辑加工的程度性进行评价和分析,并就编辑实践中如何把握好编辑加工的程度问题进行初步的探讨。

一、文稿编辑加工程度的划分

(一) 浅度加工

浅度加工即浅层次的加工,是指编辑依据固有的规范和标准,对文稿进行简单、快速的编辑加工,如更改错别字、订正标点符号、规范计量单位和数字用法等。浅度加工时编辑的思维活动是单一、浅显的(陈华平,2002)。浅度编辑加工速度快,但加工质量差,文稿中可能隐藏的问题往往得不到解决,从而影响期刊的质量水平。浅度加工方式常见于一些初涉编辑工作的人员,以及一些工作事务繁多、工作量超负荷的编辑。就科技期刊而言,浅度加工现象在增刊、专辑以及过度扩版的期刊中较常见。

---

① 任定华,胡爱玲,郭西山. 编辑学导论 [M]. 北京:中国经济出版社,2001:385

② 杜家贵. 社会科学期刊编辑实用手册 [M]. 北京:中央编译出版社,2002:96-98

③ 王立名. 科学技术期刊编辑教程 [M]. 北京:人民军医出版社,1997:121

（二）适度加工

适度加工是指编辑根据科技期刊出版要求、编辑规范和编辑规则，从内容到文字对文稿进行全面的编辑加工。要求从题名到最后一篇参考文献，逐段、逐句、逐字甚至逐个标点符号进行认真细致的加工。如题名是否简明贴切，摘要各要素是否完备，关键词标引是否规范，正文层次、条理是否分明、清楚，文字表达是否准确、简洁，逻辑、修辞、语法有无问题，计量单位、名词术语、图表格式、数字用法以及参考文献著录格式是否标准规范，等等。适度加工侧重于稿件格式、逻辑、语法、标准化规范化方面的加工，是编辑加工文稿最常用的方式。

（三）深度加工

深度加工是在适度加工的基础上，对文稿进行更为全面、深入、细致的编辑把关和修改加工。科技文稿的编辑把关是在专家审稿的基础上进行的，是审稿工作的延续、深入和细化（周作新，2003）。如果说适度加工重在加工，那么，深度加工则是"审""改"并重。在内容方面，深度加工要求编辑在读懂文稿内容、领会作者思路的基础上，既要有宏观的整体分析，又要有微观的细节推敲，如设计是否合理、材料是否翔实、方法是否科学、数据是否可靠、结果是否可信、分析是否透彻、结论是否有创新性和理论或应用价值、参考文献引用是否妥当。深度加工在必要时需对结果所得出的基础数据进行核实，对由具体数据统计分析得来的二级或三、四级数据进行换算验证，对参考文献中存在的疑点通过查阅网络数据库逐一核实。在文字方面，深度加工要求编辑在尊重原稿撰文格式及科学要旨的基础上，力求使文字的论述达到科学性、准确性、精炼性的统一。深度加工是科技期刊编辑加工中的难点，也是最能体现编辑功力的地方。

（四）过度加工

过度加工并不是深度加工的"继续深入"，而是加工过程中的"矫枉过正"或"越位行为"。过度加工是指由于加工幅度过大，把作者原稿中本是正确的给改错了，或者改变了原稿的表达意图和风格。过度加工主要表现在以下几个方面：一是编辑发现疑点或弄不懂时未经严谨的求证，仅凭自己的思路、习惯加以修改（陈智，2004）。如有一位编辑，对于"龙眼"的英译误以为是用汉语拼音，竟把作者原正确的"longan"改为"longyan"，显然改错了。二是编辑以版面有限为由，大幅度删除原稿相关内容，比如未经细致分析就删去原稿中的一些图表、参考文献等，结果使论文的学术质量大打折扣。三是编辑按照自己的文风,对原稿中并无逻辑和表达错误的语句进行大规模的前后顺序调整和删改,结果失去原稿的风格,甚至把作者的稿件改得面目全非。

二、如何把握好编辑加工的"度"

(一) 避免浅度加工

浅度加工少耗力费神,加工速度快,一篇文稿在很短时间内就可加工完成,但加工质量难以保证。因此编辑对科技文稿应尽量避免浅度加工。有的编辑认为,对于内容质量和写作水平好的稿件,仅予以浅度加工即可。其实不然,科技文稿中常存在一些"隐蔽性"较强的错误,需要经过认真反复的辨析过程才能让问题"现形"(马永祥 等,2001)。只有对文稿进行适度甚至深度加工,才能避免文稿可能存在的错误留给读者,避免出版后形成无法挽回的遗憾。

(二) 避免过度加工

过度加工是编辑工作中的大忌,科技期刊编辑应避免对文稿的过度加工。过度加工往往是编辑固有的思维定式形成的,或是加工过程中不求甚解,或是不勤于考辨求证。为避免过度加工,应掌握以下几个原则:一是对原稿内容的修改一定要慎重,要有依有据,对于自己没弄懂或没有把握的内容或术语、符号,要勤于考查辨析,通过上网、查阅工具书、请教专家或直接与作者联系,把问题搞清楚或理解透彻了再决定是否要变动。二是修改加工的基本原则应该是只改动非改不可的,在符合科技论文表达规范化标准化的前提下,凡属可改可不改的一律不改,尽量做到多就少改,以保留原稿的风格(崔力,2005)。三是凡涉及内容方面的实质性改动,一定要把修改稿退请作者过目,刊物付印前把清样送请作者校对一遍。四是避免一篇文稿由一位编辑从审改、加工到发排、校对负责到底的责任制做法,文稿改后可请其他编辑过目;在文稿校对时采用"交叉校对法"(闵家华,1999),让他人发现出问题,以尽可能减少文稿的错改漏改现象。

(三) 根据文稿的质量水平进行适度加工或深度加工

不同作者的研究层次、治学态度、撰文水平各异,形成了不同文稿学术质量和写作水平的高低之分。因此编辑可根据文稿的质量水平来确定编辑加工的程度。对于编辑初审、专家外审后认为学术质量、逻辑性、文字表达较好的文稿,编辑在加工时消耗的时间和精力就会相对少些,可采取适度加工的方法,并重点检查文稿的摘要、引言、讨论和图、表、参考文献等容易出错的地方,改后通读一遍,即可达到发稿的要求。而对于有较好理论和应用价值而撰写存在许多问题的稿件,则需要进行深度的修改加工。由于一些作者文字表达能力和逻辑思维能力有限,稿件即使经多次退修,也难以达到理想的效果,需要编辑亲手对稿件动较大的"手术"。这就要求编辑首先要有较全面的相关专业学科知识储备;其次编辑要有较强的驾驭文字的能力和逻辑思维能力,以及与加工文稿相关的研究方法和思维方式(王黛 等,2005);最后,编辑要养成经常利用期刊全文数据库来更新知识、审查稿件的习惯,针对具体的文稿,进行深入、精细的编辑加工。一些资深编辑常常有这样的感觉,对一些棘手稿件的加工,往往要花费大量的时间和精力才能完成。无疑,深度加工时编辑需要复杂的思维活动参与,经过深度加工的文稿蕴含着编辑的创造性劳动(陈华平,2002)。总之,编辑加工是最能体现编辑专业水平和业务素养的环节,是编辑需要毕生为之努力的。只有根据稿件的实际情况进行相应的适度加工或深度加工,并取得与作者的密切配合,才能达到既提高期刊质量、又提高编辑出版效率的理想效果。

第二节　题名的编辑加工

"题好一半文",道出了论文题名的分量和重要性。面对海量的科技论文,首先映入读者眼帘的是论文的题名。简明准确、新颖突出、专业规范、富有深度的题名,更能引起作者检索和阅读的兴趣。好的题名对论文会起到画龙点睛的作用,不恰当的题名因不能提供清晰、有效的信息而被读者漏检,从而达不到学术传播的目的。鉴于论文题名对全文举足轻重的地位,重视并加强题名的拟定、润色和加工,不仅是作者的首要任务,而且是编辑工作者义不容辞的责任。

GB/T 7713.1-2006 和 GB/T 7713.3-2014 指出:题名用词应反映科技报告最主要的内容,以简明的词语恰当准确地反映论文最重要的特定内容,一般不超过25字,尽量避免使用不常规的缩略词、首字母缩写字,避免使用字符、公式等,并应考虑选定关键词和编制题录、索引等二次文献所需要的实用信息。从学术论文写作的相关国家标准可以看出,题名撰写和编辑加工的要领包括4个要素,即简明、准确、新颖和规范。

一、言简意赅

科技论文的题名应采用最少的字数涵盖最大量的信息，因此不宜使用烦琐、啰唆的词语表达，而应通过主题凝练和用语推敲，言简意赅地加以表达。

（一）题名应避免使用无实质意义的谦辞、套语

如"浅谈""研究""试论""初探"，这类词不能提供任何有效的信息，没有检索价值。如"Study on…"，"Research on…"，在国外的重要科技期刊上基本看不到类似的英文题名，为了言简意赅，中英文题名中都建议删去。如《用于检测猪瘟抗体的免疫金标试纸条的研制与应用研究》，"用于"和"研究"多余，可改为《猪瘟抗体免疫金标检测试纸的研制与应用》。

（二）题名烦琐冗长，罗列研究对象，需要对具有并列或包含关系的用语进行归纳

如《不同日粮赖氨酸水平对 40~70 kg 后备母猪血清尿素氮、肌酐和总蛋白含量的影响》，40~70 kg 为生长期猪只，"血清尿素氮、肌酐和总蛋白含量"属于生化指标，因此可精简为《日粮赖氨酸水平对生长期后备母猪相关生化指标的影响》，至于读者想知道是哪几个"相关生化指标"，可进一步了解论文内容，达到诱导阅读的目的。《紫苏精油含量与产量对种植密度、施肥及种植方式响应》，"种植密度、施肥及种植方式"均属于栽培的内容，可合并为"栽培方式"，题名可简化为《不同栽培方式对紫苏生物量及精油产量的影响》。《氟啶虫酰胺和联苯菊酯及其复配剂对七星瓢虫、玉米螟赤眼蜂的急性毒性与风险评估》，"七星瓢虫、玉米螟赤眼蜂"属于非靶标益虫节肢动物，"急性毒性"为风险评估的指标之一，因此可改为《氟啶虫酰胺和联苯菊酯及其复配剂对非靶标节肢动物的风险评估》。

（三）题名中含有无关或相关性小的多余词语、重复词汇，需要进行凝练

如《一种简单的、有效的提取根瘤菌中的总 RNA 的方法》，题名中出现了 4 个"的"，可改为《一种有效提取根瘤菌中总 RNA 的简单方法》，既简洁又清晰。《海水中痕量金属元素对海洋生物作用的研究进展》，海洋生物即指生活在海水中的生物，因此"海水"可以略去，该题名可改为《痕量金属元素对海洋生物作用的研究进展》。《不同互作因子对玉米间作大豆、

花生的单一和复合群体产量影响》，经阅读全文，发现所谓"大豆、花生的单一和复合群体"系研究两种作物间作的范畴，因此改为《玉米/豆科间作系统中不同互作因子对群体产量的影响》。

二、完整准确

科技论文的题名是以客观的语言陈述科学事实，应当与论文核心内容一致，并完整准确地表达主题思想，而不能使用笼统甚至是错误的词语表达。题名偏离主题的表现类型和修改方式主要有以下3个方面。

（一）对象错位

如《不同悬挂高度数字化色板对茶棍蓟马的诱集效果试验》，诱虫色板是一种成本低廉、绿色环保的防虫工具，文章主要研究色板的不同高度对害虫诱集的效果，而不是色板，因此可改为《数字化色板悬挂高度对茶棍蓟马的诱集效应》。《模糊综合评判在茶树种质资源抗寒性鉴定中的应用研究》，从文题题意看，似乎研究的主题是"模糊综合评判"这种方法，但文章的主旨是应用这种方法，鉴定茶树种质资源的抗寒性强弱，研究对象是"抗寒性"，"模糊综合评判"只是方法而已，因此可改为《应用模糊综合评判鉴定茶树种质资源抗寒性》。类似的问题如《马铃薯泉云3号氮磷钾肥优化数学模型研究》，文章不是开展优化数学模型研究，而是优化施肥研究，因此可改为《泉云3号马铃薯氮磷钾优化施肥效应》。

（二）以全概偏

即题名表达笼统宽泛，反映的信息范围大，但实际上论文包括的内容范围小，不能支持题名所涵盖的信息范围（朱丹 等，2007）。如《福建省水稻主栽品种的稻瘟病抗谱宽度与抗性基因的关系》，全文只分析了32个品种，得出的抗谱宽度与抗性基因数量的关系并不可靠，于是建议作者修改分析角度，围绕主栽品种抗谱测定结果和所含的抗病基因分析讨论，经与作者协商，题目改为《福建省稻瘟病菌生理小种组成及水稻主栽品种的抗性筛选》。《花生秸秆瘤胃降解动态变化研究》，该文的研究对象是福清山羊，但原题名没有给出具体家畜，过于宽泛，于是题名修改为《花生秸秆在福清山羊中的瘤胃降解特性》。《活性污泥系统的生物强化效果研究》，这个题名也很大，论文研究的是活性污泥系统在处理苯酚废水时产生了生物强化效果，题名可改为《活性污泥系统处理苯酚废水的生物强化效果》。

(三) 以偏概全

即题名反映的信息范围小，而实际上论文包括的内容范围大，这样的题名同样是不准确、不恰当的。原因是作者可能想把自己期望的或最终的结果反映在题名上，实际上题名应当由论文的综合内容来确定（朱丹 等，2007）。如《安全高效除草剂乙草胺乳油对甘薯田间杂草的防除效果》，通过阅读全文发现，虽然结果表明该除草药剂的效果和安全性最好，但实际上文中是对15种除草剂进行比较得出的结果，因此建议作者修改为《甘薯田安全高效除草剂的筛选》。文章《真空冷冻干燥保持嘉宝果品质研究》，文中开展了5种不同干燥方式比较，得出真空冷冻干燥能保持较好的果品感观品质，但其他干燥方式却能保持较好的营养品质，不应予以忽视，因此题名改为《不同干燥方式对嘉宝果品质的影响》。

三、新颖醒目

题名应突出论文的创新性、特异性，恰如其分地反映研究的新颖性和达到的深度，以吸引读者兴趣。题名好比论文的眼睛，用词要新颖有特色，不要千篇一律，对题名的精雕细琢，往往能起到画龙点睛的效果。如《乌龙茶品质早期单株鉴定方法》，文章并没有介绍单株鉴定的多种方法，而是提出一种新的方法，题名不准确，主题不突出，题名要能在一定程度上反映文章的新观点、新技术、新方法，若改成《"微量法"鉴定乌龙茶单株早期品质》，则一目了然。《崖柏离体快繁技术》，崖柏是我国特有珍稀濒危植物，开展离体快繁有重要意义。这个题名显得平淡无奇，不易吸引作者，可改为《我国特有珍稀濒危植物崖柏的离体快繁》。《一种蛋鸭黄病毒的分离与鉴定》，该研究从引起产蛋骤降的蛋鸭中首次分离鉴定到一种黄病毒的新成员，为国内外首报，对解决蛋鸭产蛋骤降问题意义重大，因此拟题宜醒目，突出"骤降""新病毒"等关键词汇，于是作者改为《一种引起蛋鸭产蛋骤降新病毒的分离与初步鉴定》，该文在《福建农业学报》发表10年来，被引量高达188次，文章题名的新颖醒目，起到了重要的作用。

四、标准规范

农业科技文献题名中所涉及的专业名词术语较多，主要包括动植物属名、种名、品种名称，农药名称，试验和生产术语等，这些术语的同义词（异名、俗名）较多，题名中出现这些词汇时，应尽量选用《汉语主题词表》

和专业词表中的正式主题词（翁维义，1999）。一是对于作物名称，如非分类学研究，题名一般不用学名，以使用普通名称为宜，详细的学名可在摘要和引言中注明。二是在题名中使用已得到同行专家公认的缩略词可使题名更简练，如属同行专家公认并通用的，用缩略词就不必写出全称；如属未为同行专家公认的，就在题名中写出全称，而不必在其后用括号注明缩略词。如DNA、RNA为公众所熟知可以用缩略语，而MH（青鲜素）、TP（茶多酚）未为人们所熟知，应直接用中文表达。三是题名中涉及的生物名称都应该用规范的中文学名，而不应该用俗称。如"甘薯""番茄""结球甘蓝"为规范术语，而不宜使用"地瓜""西红柿""包菜"等俗称。四是题名应避免使用公式、代号、数学符号、化学式、非英语词汇。

第三节 摘要的编辑加工

摘要是论文信息传播与交流的关键要素。随着网络信息技术的发展和各种学术文献爆炸式的增长，研究者往往是先通过网络检索找到感兴趣的题名并浏览其摘要，然后再决定是否下载并阅读全文，因此，摘要直接决定读者的阅读倾向，直接影响着论文的被利用情况和期刊的知名度。

GB/T 6447—1986《文摘编写规则》指出，摘要是"以提供文摘内容梗概为目的，不加评论和补充解释，简明、确切地记述文献重要内容的短文"。摘要从表现形式上可以分为报道性摘要、指示性摘要、报道-指示性摘要。20世纪80年代中期国际医学界学术期刊兴起的一种新型摘要文体，即结构式摘要（structured abstract），其实质上是报道性摘要的结构化表达，通常由目的、方法、结果、结论四部分组成，结构式摘要以其简练、明晰等优点，已被国内越来越多的科技期刊所采用。

一、结构式摘要的组成与特点

结构式摘要的组成包括目的、方法、结果、结论四要素。①目的：简要介绍研究的背景或研究工作的前提、目的或任务；②方法：简要说明研究课题的基本设计，依据的原理，试验的条件或设备，选取的材料，研究的对象，采用的方法或手段，数据的获取，以及应用何种统计学方法及处理软件；③结果：简明、具体、准确列出研究的主要结果和数据，以及统计学显著性检验结果，同时简述观察、发现了什么，得到了什么效果、性能等；④结论：根据研究结果，高度概括推导出的论断、观点、结论，以及理论价值或应用价值（陈新平 等，2014）。

结构式摘要具有条理清晰、重点突出、描述明确、信息丰富的优点。对作者而言，可以按照四要素的要求准确、具体地表达。对读者而言，可以有目的地阅读论文，主要内容一目了然，获得全文浓缩、有效的信息，并方便收集和保存。对审稿专家而言，可以快速了解论文的脉络，初步判断论文的创新性和应用价值。对编辑而言，可以循规蹈矩进行摘要的编辑加工，实现摘要编辑加工的规范化。

二、撰写结构式摘要的原则

在撰写结构式摘要时，应遵守以下规则：①客观性，要客观、如实地反映原论文的基本信息和格调；②全面性，应当反映论文的主要内容，根据内容重要性的不同进行详简不同的反映；③针对性，应着重反映论文的新内容和特别强调的观点；④简明性，应以最精练的语言表达丰富的内容，结构严谨、逻辑性强、语句精练、语义确切；⑤规范性，科技术语、人名、缩略语、代号、译名等应按国家标准或参考权威工具书书写，计量单位要规范，避免使用非公知公认的符号或术语，也不宜引用图、表、参考文献的序号；⑥独立性和自含性，即不阅读全文就能获得必要的信息，应是一篇完整的短文（陈新平 等，2014）。

三、结构式摘要的常见问题

（一）内容笼统

论文摘要具有整体性，要能够有效体现整篇文章的主要观点、应用方法、主要结果、重要结论等核心要素。结果是摘要的核心部分，应包括重要数据及其统计学处理结果，能够给读者直观地反映出相关信息，不宜大而化小，简单空洞，如果写作过于简单、信息量不足，就不能发挥摘要应有的作用。

（二）人称错误

《文摘编写规则》规定，摘要用第三人称，建议采用"对……进行了研究"等记述方法标明一次文献的性质和文献主题，不使用"本文"等作为主语。

（三）偏离主题

摘要是用来揭示文章的最主要观点或结论，是全文语言的浓缩，其信息大致与原文等同。但有的作者在摘要中大量介绍背景知识，误把引言内容当作摘要来写，体现不出全文主题和创新点等问题。

（四）含意不明

论文摘要具有独立性、自明性的特点，即读者能够不看全文就可以知晓文章的主题。摘要中出现的试验处理的代号，或非公知的符号，需要直接改为文字表述，或加以注明。否则读者不知其处理代号和符号为何物，失去摘要应有的自明性作用。

（五）要素混淆

有的作者认为"结论"与"结果"没有多大的差区别，可以略去，其实不然，"结论"是论文的最后总结，它不是试验结果的简单重复，而是对试验结果进行归纳、分析、判断、推理后，所抽象、概括出的全文总论点和总判断，是论文最后得出的有创新性、指导性、规律性的东西，它是论文精华和学术价值的最终体现。"结论"要客观、准确地总结概括出理论上的突破、方法上的创新，还可以提出需进一步研究的内容和建议等（陈新平 等，2014）。

四、结构式摘要在农业科技期刊中的应用

我国科技期刊采用结构式摘要，始于20世纪90年代，《新乡医学院学报》从1991年开始率先应用结构式摘要，其后国内其他医学类期刊普遍使用。目前越来越多的农业科技期刊采用结构式，包括《中国农业科学》《林业科学》《中国水稻科学》《昆虫学报》《植物营养与肥料学报》《果树学报》《棉花学报》《南京农业大学学报》《西北农林科技大学学报（自然科学版）》《南方农业学报》《福建农业学报》在内的一大批农业学术期刊也都采用了结构式摘要。

可以看出，结构式摘要具有内容完整、重点突出、信息量大、观点明确、层次清楚、条理分明等特点。《福建农业学报》从2019年第1期起采用结构式摘要，即摘要按目的、方法、结果、结论的形式分部分撰写，明确标出四要素，在"投稿指南"和"征稿简则"中提出具体要求，使作者从撰写形式到具体内容上认识并逐渐接受这一表达格式。1年多的实践表明，《福建农业学报》论文摘要的著录规范化程度有了明显的提高，为作者、读者所接受，也为编辑、审稿专家所认可。

以《福建农业学报》2020年第5期发表的论文《CRISPR/Cas9编辑

Badh2 基因改良优质粳稻品种香味性状》（吴明基 等，2020）的结构式摘要为例：

题名：CRISPR/Cas9 编辑 *Badh2* 基因改良优质粳稻品种香味性状

摘要：【目的】利用基因编辑技术编辑水稻香味基因，改良优质粳稻香味性状。【方法】构建 CRISPR/Cas9-BADH 基因编辑载体，转化优质粳稻品种龙稻 18、龙稻 24 和秀水 134，测序鉴定 3 个优质粳稻品种的香味基因 *Betaine aldehyde dehydrogenase 2*（*Badh2*）突变体并分析潜在脱靶效应，利用气相色谱-质谱联用技术测定不同遗传背景 *badh2* 突变体稻米的 2-乙酰-1-吡咯啉（2-acetyl-1-pyrroline，2AP）含量。【结果】转化获得的 30 株 T0 代中有 24 株为 *badh2* 突变体，其中 53.33% 为杂合型突变，16.67% 为纯合型突变，10% 为双等位突变类型。T1 代非转基因植株内共鉴定获得 7 种纯合 *badh2* 突变基因型。在 5 个预测位置上未检测到脱靶事件的发生，说明设计的 sgRNA 具有高度特异性。所有 *Badh2* 移码突变体稻米的 2AP 含量都达到或高于稻花香的水平，但不同品种来源的 *badh2* 突变体间 2AP 含量差异极显著。【结论】提供了一个能够高效诱导水稻 *Badh2* 突变的 CRISPR/Cas9 定向编辑靶点，能改良生产上大面积推广的 3 个优质水稻品种龙稻 18、龙稻 24 和秀水 134 的香味性状，发现不同遗传背景的水稻 *badh2* 突变体间 2AP 含量差异显著，为基于定向编辑 *Badh2* 基因的方法培育适合生产应用的香稻品种、提高育种效率提供科学依据。

关键词：水稻；香味；*Badh2*；CRISP/CAS9；2-乙酰-1-吡咯啉

从以上示例中可以看出，结构式摘要虽然内容偏长，但能促使作者在立题时就重视试验设计，从而使课题设计更严密、更科学、更合理。结构式摘要容易写作，作者只要将论文中的核心内容抽出进行高度概括，按固定格式置于其各项标题内，这样写作既简便又准确、具体，且不会遗漏、缺项，能够做到结构完整、内容明确。结构式摘要对审稿专家和编辑来说易审、易编，审稿便捷，核对容易，并且容易阅读，摘要中各项内容标识突出，表达规范，一目了然，能迅速找出所需要的有效信息，发现缺漏和错位的表达。

第四节 文字的编辑加工

科技文稿的加工包括内容修改、文字加工和技术处理 3 个方面。其中编辑花费时间和精力最多的是涉及文字方面的编辑加工。文字加工的基点是基本保持原文原义，而使文稿在表达上更加趋于简洁、规范、准确、典雅。文字加工主要包括文字润色和修正两个方面,即:冗繁加以修简,通俗加以修活,偏差加以修准(简称"简、活、准")。其加工质量的高低主要取决于编辑驾驭语言文字的能力和专业素养。本节结合笔者从事农业科技期刊编辑工作的实践,通过一些实例探析科技文稿文字加工如何做到"简、活、准"。

一、简

科技论文语言表达要求单刀直入、直来直去,这是科技论文有别于其他类型作品的重要特征,而且以此形成了科技论文的语言风格和突出特点。因此科技论文的语言运用要达到文理通顺、言简意赅的要求。科技论文语言的简洁,是指在完整地表达了一个意思的前提下使用尽量少的文字,没有多余的话。

以下这段是《福建农业科技》一篇来稿的引文部分:

随着人们生活和文化水平的提高,人们对稻米品质的要求也变得越来越高,因此,发展优质稻的生产成为广大育种科研工作者一件刻不容缓的任务。为了加速我省优质杂交稻新组合的推广速度,我们在强调加强本省自己选育优质杂交稻新组合的同时,还必须要加大从省外引进优质杂交稻新组合的引进力度。1997年,福建省种子总站通过考察,从江苏省引进了两优培九新组合,并于1997、1998年两年先后安排两优培九参加省中稻组区试和生产示范。通过这两年的区试和生产示范表明:该品种两年均表现为品质优、产量高,而且产量稳定,能适应广大地区栽培。每亩产量在540~590 kg左右,适宜在我省各地推广种植。

引文一般要求简洁明了,开门见山。这段文字共267字,看起来似乎还比较通顺,实际上句子啰唆,重复之处很多。于是做如下删改:

人们随着生活水平的提高,对稻米品质的要求也越来越高,因此,发展优质稻生产刻不容缓。为加速我省优质杂交稻新组合的推广,在强调本省选育的同时,还必须加大外引的力度。1997年,福建省种子总站通过考察,从江苏省引进了两优培九组合,并于1997—1998年安排参加省中稻组区试,结果表明:该品种表现优质、高产、稳产、适应性广,667 m^2 产量540~590 kg,适宜在我省各地推广种植。

改后整段字数减至168字。在不改变原文文意的前提下更为简洁明了。

冗繁加以修简,即删除多余的字、词,不是仅仅指删除重复的字或词,而是指在无语法错误的句子中,去掉这些字或词,句子显得更精练、更完美。

如："（水稻）在成熟收获前取样进行产量调查"可精简为"于收获前测产"；"为了探索该菌剂在我省气候条件下对茶叶产量和品质的影响，我们进行了本项试验"，其中"了"和"项"是多余的；"全生育期达180天""年降雨量为592 mm"，两句中的"为""达"字都可省去；"选用鲜食品质佳、焙干性能好的乌龙岭品种"可改为"选用鲜食、焙干兼优的乌龙岭品种"；"移到培养室内培养15 d，室内温度控制在20 ℃"可简为"于20 ℃恒温下培养15 d"。

可见，文稿精练、信息浓缩，在固定的版面上携带尽可能多的信息，是科技期刊不可忽视的因素之一。论文的重复属于增加无用信息，只能是浪费版面，影响读者阅读。

二、活

科技论文在语言表达方面应具有较高的文化品位。编辑加工文稿时，应注意既讲究通俗，又不失典雅。科技论文的语言文字应当通俗易懂，但不能过于通俗，给人以"粗俗"之感。有些作者用词造句过于"通俗"，虽不是错字病句，却降低了科技论文的文化品位。解决的方法，是用通用的书面语言置换口语、俗语。例如："病鸡拉绿色粪便"可改为"病鸡排绿色粪便"，"还没喷药"可改为"尚未喷药"，"光靠基肥"可改为"仅靠基肥"，"做到果园干净"可改为"保持果园清洁"，"放入水中漂洗一会儿"改为"置于水中漂洗片刻"，"测定值比已有的报道结果还高"改为"测定值高于前人报道"，"像上面所说"改为"如上所述"，"吃起来清甜"改为"味清甜"；南方俗称的"包菜"改为"结球甘蓝"，"花菜"改为"花椰菜"，"花瓶菜"改为"小白菜"，"土豆"改为"马铃薯"，"地瓜"改为"甘薯"，（灌溉用的）"跑马水"改为"串沟水"。总之，科技论文是高层次的文化产品，应当具有高品位的表现形式。因此，科技编辑在加工文稿时，不能满足于无病句错字，还应当在提高其文化品位上下功夫，以提高科技成果的交流、传播效果。

三、准

农业科技论文尤其是普及性论文的作者有不少是来自基层农技推广第一线，他们对专业用语的正确表达不甚了解，撰写科技论文时常常缺乏严谨性和规范性，文稿中经常出现谬误，需要编辑认真加以修正。如果说"修简"和"修活"反映了编辑驾驭语言文字的能力，那么"修准"则体现了编辑的学识和治学的严谨性。因此，编辑平时要加强专业基本知识的学习，了解掌握本专业言语的规范和准确表达，可以说，编辑对文化知识尤其是本专业学科基本知识的了解掌握越多，他对稿件的纠错能力就越强；其次，编辑要有严谨的治学态度，在文稿的修改加工中要有高度的责任感、精益求精的工作作风和全身心投入的敬业精神。

以下这段文字选自《福建农业科技》的某一篇来稿：

每公顷统一施用纯N、纯P、纯K各150kg、60kg、105kg，使N：P：K保持在10：4：7。基肥用农肥（包括农家土粪和纯人粪尿），化肥中氮肥用尿素和碳铵，磷肥用过钙，钾肥用氯化钾，追肥时每公顷施钙镁磷15kg。

首先，作者对化学肥料三要素的准确表达不清楚。对于肥料而言，不论是其成分还是用量，氮素谈纯的还可以，磷、钾素只能是氧化物就谈不上纯的了，氮素要用N、磷素要用P_2O_5、钾素要用K_2O表示。因此前一句的正确表达应为："每公顷统一施用N、P_2O_5、K_2O各150 kg、60 kg、105 kg，m（N）：m（P_2O_5）：m（K_2O）= 10：4：7"。

其次，科技名词不能随便简化，"碳酸氢铵"不能简化为"碳铵"，我国小氮肥厂生产的肥料均是碳酸氢铵（NH_4HCO_3），与碳铵[（CNH_4）$_2CO_3$]是两种不同的化合物。过磷酸钙有普通过磷酸钙和重过磷酸钙之分，农村用作肥料的一般都是普通过磷酸钙。因此"过磷酸钙"不能简称为"过钙"，应改为"普钙"。钙镁磷肥不能简称钙镁磷，省了"肥"字会被误认为是Ca、Mg、P元素。农家有机肥可简称为农家肥，但不能简化为农肥，否则与农业用肥分不清了。农业上常用的"人粪尿"均含有水分，不可能是纯的，故"纯人粪尿"应改为"浓人粪尿"。故后一句的准确表达应为："基肥用农家肥（包括农家土杂肥和浓人粪尿），化肥中氮肥用尿素和碳酸氢铵，磷肥用普钙，钾肥用氯化钾，追肥时每公顷施钙镁磷肥15 kg"。

再看如下例子："由于长期施用化肥，致使作物品质变差、土壤环境日益恶化……"客观而言，化肥对农业生产功不可没，土壤环境日益恶化的原因不在于"长期施用化肥"，而是长期单一大量施用化肥、不用有机肥的结果。所以严谨准确的表达应为："由于长期单一偏施化肥，致使作物品质变差、土壤环境日益恶化。"

文字加工是编辑的一项日常工作，也是一项艰巨的创造性劳动。编辑在文字加工时往往需要反复阅读、反复推敲、反复修改多次才能达到"简、活、准"的效果。尽管各人的思维方式和加工方式不可能完全相同，但其毕竟属于同种性质的工作，必然存在某种共性的、规律性的东西。编辑在工作实践中需要认真进行总结并自觉运用其规律，以达到提高出版质量、提升刊物水平的目的。

参考文献

陈华平，2002. 科技编辑工作中的深度编辑加工［J］. 中国科技期刊研究，13（2）：156-157.

陈新平，等，2014. 结构式摘要的组成要素、特点及其在农业学术期刊中的应用［J］. 农业图书情报学刊，26（12）：147-149.

陈智，2004. 排他性对科技论文编校工作的损害及其解决措施［J］. 编辑学报，16（2）：114-115.

崔力，2005. 期刊编辑加工的底线与界线［J］. 编辑之友（6）：74-75.

马永祥，等，2001. 学术期刊审稿及编辑加工应把握的要点［J］. 中国科技期刊研究，12（3）：222-223.

闵家华，1999. 从"编校合一"走向"编排校合一"［J］. 编辑学报，11（3）：142-143.

王黛，等，2005. 论思维定式对编辑活动的影响［J］. 编辑学报，17（6）：399-400.

翁维义，1999. 农业科技文献题名信息要素及其表达［J］. 中国科技期刊研究，10（4）：299-300.

翁志辉，等，2007. 简、活、准：科技文稿文字加工要点简析［J］. 科技与出版（7）：40-41.

翁志辉，等，2007. 论科技文稿编辑加工的"度"［J］. 编辑学报（5）：334-335.

吴明基，等，2020. CRISPR/Cas9 编辑 $Badh2$ 基因改良优质粳稻品种香味性状［J］. 福建农业学报，35（5）：465-473.

周作新，2003. 论期刊文稿的编辑学术把关［J］. 编辑学报，15（13）：178-180.

朱丹，等，2007. 科技论文题名的锤炼与优化——功能、尺度及原则的表述和案例实证分析［J］. 编辑学报（2）：97-99.

第五章 科技期刊的评价[①]

第一节 我国自然科学核心期刊评价体系现状

核心期刊是指期刊中学术水平较高的刊物,其主要体现在学术水平的评价。"核心期刊"作为建立在文献数量分布基础上的一项应用研究成果,是期刊的内容、质量等集聚程度的现实反映,它具有一定的评价功能(关鉴航,2010)。在目前国家有关部门没有对期刊进行学术水平划分的情况下,鉴于科研管理部门、科技工作者和期刊编辑人员的现实社会需求,核心期刊评价体系实际上承担起了对学术期刊进行评价的功能。

一、我国自然科学类核心期刊评价体系的现状

我国对核心期刊的研究始于20世纪70年代,就科技类期刊而言,迄今已发展成为四大较有影响的核心期刊遴选体系。

北京大学图书馆等研制的《中文核心期刊要目总览》(以下简称"中文核心"),1992年出版了第1版,每4年遴选1次,至今已出版8版。第8版(2017年版)共评选出1983种核心期刊,占参评期刊总数的20%,其中自然科学类核心期刊1200多种。

中国科学院文献情报中心研建的"中国科学引文数据库"(以下简称CSCD),创建于1989年,其内容丰富、结构科学、数据准确,是我国最具权威性的科学引文索引数据库。CSCD每2年遴选1次,2019—2020年度CSCD收录来源期刊1231种(英文版229种,中文版1002种)。

中国科学技术信息研究所研制的"中国科技论文统计源期刊"(又称中国科技核心期刊,以下简称"科技核心"),于1987年起启动,自1997年起每年遴选1次,至今已连续出版了20多版。中信所发布的科技核心期刊总数为2029种(英文版106种,中文版1923种)。

[①] 本章部分内容得到福建省科技计划公益类项目"基于文献计量评价的农业科技期刊学术影响力提升研究"(2019R1033-9)资助

武汉大学图书馆研制的《RCCSE 中国学术期刊评价研究报告》（以下简称"RCCSE 核心"），每 2 年遴选 1 次，至今已出版了 6 版。2019—2020 年版共有 366 种权威学术期刊（A⁺等级）、1693 种核心学术期刊（A 和 A⁻等级），其中科技期刊在 1200 种左右。

二、我国核心期刊评价指标及其权重设置的比较与分析

在学术期刊评价中，建立科学的评价指标体系是评价成功的关键。从我国目前的核心期刊评价体系看，主要采用多指标综合评价方法，包括定量和定性评价，因此评价指标的取舍及权重的设置无疑是关键因素。定量指标包括总被引频次、影响因子、基金论文比等文献计量学指标；定性指标主要指专家的评审意见和否决机制。

（一）定量指标

在定量评价指标中，影响因子、基金论文比、被摘率、被收录情况、被引率、下载率、引文率等反映"率"的指标，侧重体现期刊的学术水平，即在发文量保持不变的情况下，这些指标与期刊学术水平成正相关；载文量、被引量、被索量、总被引频次、web 下载量、他引量等反映"量"的指标，侧重于体现期刊的学术容量，即假设在期刊学术水平保持不变的前提下，这些指标与期刊发文量成正相关；此外，他引率主要对期刊的总被引频次起修正作用。现将我国 4 种核心期刊评价体系的定量评价指标选择与权重设置分析如下。

1. "中文核心"（2017 年版）

共采用 17 个评价指标，各指标的权重视不同学科而定，以《总览》中的综合性农业科学类为例，各指标权重分别为：被引量（0.08）、期刊他引量（0.14）、博士论文被引量（0.05）、会议论文被引量（0.01）、影响因子（0.05）、他引影响因子（0.09）、5 年影响因子（0.11）、5 年他引影响因子（0.19）、特征因子（0.01）、论文影响分值（0.05）、论文被引指数（0.06）、互引指数（0.01）、获奖或被重要检索系统收录（0.05）、国家级基金论文比（0.04）、省部级基金论文比（0.01）、web 下载量（0.02）、3 年 web 下载率（0.03）[①] 该评价体系自然科学类期刊主要评价指标的统计源

[①] 陈建龙，等. 中文核心期刊要目总览（2017 年版）[M]. 北京：北京大学出版社，2018

为 CSCD 数据库。

2. "科技核心"（2019 年版）

据中国科技信息研究所的"中国科技期刊综合评价指标体系研究"资料，参与综合评价的计量指标有：影响因子（0.18）、基金论文比（0.12）、平均引文率（0.06）、下载率（0.06）、学科影响力（0.06）、被国际重要检索系统收录（0.10）、总被引频次（0.18）、他引率（0.12）、即年指标（0.06）、进步指标（0.06）等 10 项①。该评价体系自然科学类期刊主要评价指标的统计源为中国科技论文与引文数据库（CSTPCD）。

3. CSCD（2019—2020 年版）

该体系的定量评价指标包括他引频次、他引影响因子、5 年他引影响因子、优秀指数、扩散因子、学科权重、基金论文比等。所有数据来源于中国科学引文数据库（CSCD)②。

4. "RCCSE 核心"（2019—2020 年版）

该体系选取的定量指标主要有：总被引频次（0.16）、2 年影响因子（0.20）、5 年影响因子（0.16）、基金论文比（0.10）、web 即年下载率（0.10）、二次文献转载率或收录（0.10）、即年指标（0.12）、专家定性评价（0.06）③。该评价体系自然科学类期刊主要评价指标的统计源为知网（CNKI）数据库。

从 4 种评价体系定量指标的比较可以看出：①被引频次、影响因子和基金论文比是 4 种体系中必备的指标，其中影响因子和总被引频次所占的权重最大；②4 种系统中有 3 种引进了他引率指标，且所占比重也比较大，用以修正一些期刊因过度自引所造成的总被引频次的虚高；③"中文核心"和 CSCD 的主要指标统计源采用选刊最为严格的 CSCD 数据库，而 "RCCSE 核心"采用 CNKI 数据库源刊，数据源质量恐难以保证。

（二）定性指标

1. "中文核心"

通过向各位专家发送电子邮件，介绍项目的研究背景、研究概况和研究

---

① 中国科学技术信息研究所. 2019 年版中国科技期刊引证报告（核心版）：自然科学卷 [M]. 北京：科学技术文献出版社，2019

② 中国科学文献服务系统 [EB/OL]. http://www.sciencechina.ac.cn

③ 邱均平，等. 中国学术期刊评价研究报告（武大版）：2017—2018 [M]. 北京：科学出版社，2017

方法，邀请专家参加核心期刊的网上评审。第 8 版共有 4 174 个单位的 7 941 位专家参加了评审，可见其专家参与的规模之大、范围之广，经专家评审，调入和调出核心区的期刊数量占 0.5% 左右。

2. "科技核心"

"科技核心"的定性遴选方式比较独特，具有"严进宽出"的特点。①审稿机制：对于新加入期刊，须提供审稿机制和审稿流程，包括审稿单复印件和审稿人名单，以鉴别是否有同行评议和二、三审制度。定量指标排在本学科前 1/3 的期刊，免于专家函审直接入选，定量指标在均线以上的或新创刊两年以内的期刊须通过专家函审；②退出机制：综合指标连续两年排在本学科末 3 位的期刊将自动退出；③一票否决制：对于新入选期刊，凡是文献选出率<0.5，或他引总引比<0.5，则直接在初选中被淘汰。

3. CSCD

其来源期刊遴选委员会成员由学术领域科研专家、期刊出版、编辑专家、文献计量学专家组成，在定量统计的基础上进行审定后，负责 CSCD 来源期刊调整、审定工作。

4. "RCCSE 核心"

该体系提取排在学科前列 25% 的期刊数量按学科门类由业内专家进行人工审查和论证，专家评审内容包括文章质量与作者构成、读者阅读使用情况、出版发行状况、编校质量、社会声誉等，专家定性评价占权重的 5%。

从 5 种评价体系的定性评价看，都是在定量评价的基础上进行的，总体看 4 种评价体系的定性评价对定量评价的影响力度不是很大。"科技核心"在评价体系中，率先引入了对审稿制度的评价，要求新加入的期刊提供审稿单复印件，这是其评价体系的一个亮点，但是也仅仅适用于新加入的期刊，已入选期刊则无此项要求，"中文核心"和 CSCD 对于载文量过大的"掠夺性期刊"，认为其计量指标已偏离了布拉德福定律，经认真考察也予以剔除。

三、思考与建议

（一）期刊评价体系应倡导"学术诚信"的评价导向

随着"核心期刊"在学术生态中的广泛应用，一些期刊产生了"你有政策、我有对策"的功利效应（俞立平 等，2009），通过人为操纵来提高几个权重较大的指标值，以获得较高的评分值。有的期刊诱导或硬性要求投稿者增加本刊自引；而他引率成为评价指标后，一些期刊的做法则更为高明，期刊之间结成"互引"联盟，相互抬高。学术期刊评价的目的是提高学术水平，但是如果因此而造成学术泡沫堆砌、弄虚作假成风，将与核心期刊评价的目的背道而驰。其实，期刊的文献计量学指标的变化都是有一定的规律性可循，通过认真分析是不难发现的，以农业综合类期刊为例，由于该类期刊数量较多和学科综合性的特征，他引率一般不会低于80%，他引率若低于70%，则存在人为操作的行为；另外，技术类期刊影响因子一般也不会明显高于学报类。因此，学术期刊评价体系的制定者应积极倡导"学术诚信"的编辑道德，对一些期刊在其学科领域或某一年度突然表现出过高的影响因子、自引率、被引频次等，要进行深入检查分析，借助CNKI、万方数据库的引文链接功能，进行文献的追溯，发现有明显的自引和互引行为的期刊，提交专家组进行鉴定，予以降分或一票否决；其次，建议根据不同的学科，科学设置评估指标及其权重，比如引入被引半衰期、权威期刊引证指数、h指数、互引指数等计量指标，并严格控制"量"的指标不宜过多、权重过大，以避免指标的人为操作和学术垃圾的产生。

（二）论文同行评议应成为不可缺少的评价指标

学术期刊有着严谨的审稿制度，尤其是稿件的同行专家评议，这是确保期刊学术质量和学术水平的基石，实行双向匿名审稿，也是学术期刊与国际接轨的一项重要举措。遗憾的是，目前有少数核心期刊没有执行同行评议的学术把关制度，发表的论文数量不少，质量却不高，甚至存在许多学术问题。由于"同行评议"的信息来源和评价尺度难以掌握，目前各种核心期刊评价体系尚普遍缺少"同行评议"这一指标。中信所的"科技核心"率先把同行审稿机制列为新加入核心期刊的定性指标，但也仅仅适用于新加入的期刊，对已进入统计源的期刊也无约束作用。当然，这项指标的评审难度大、评审过程复杂、数据和资料获取不易，但这却是一项最为重要的评价指标。核心期刊评价体系既然已事实上承担起我国学术期刊评估的功能，在期刊是否具备"同行评议"机制方面就应有所体现。这一点，我国台湾地区对学术期刊的评价机制应当成为我们有益的参考，台湾地区科技管理部门评刊的最重要依据是要求期刊编辑部提供审稿单复印件，以供专家审核。

（三）加强评价机构的协作，分学科分层次开展核心期刊评价

学术评价是一项非常复杂的工作，众多的评价方法各有所长，也各有所短，而且还有许多重复交叉的现象，为了提高学术评价的科学性、权威性，

一是建议进行研究力量的整合、分工和协作。比如中信所的"科技核心"在量化指标方面进行了深入的研究,筛选出几十种的评价指标,一些新的指标可以引入进行评价;北大的"中文核心"遴选了阵容强大的期刊评估专家,可以在审查期刊评审机制、防范人为的期刊引文操作方面发挥更大的作用;CSCD 在自然科学期刊学术规范方面评审较严格,可以在审核期刊是否有严格的同行评议方面发挥作用;"RCCSE 核心"已开发出"期刊评价信息管理系统",可以在提高期刊评价的效率方面发挥作用。二是建议分学科进行评估。科技期刊专业性强,不同学科性质不同,量化指标有差别,不宜用一把尺度来评价;各学科之间期刊学术质量参差不齐,不能机械地照搬布拉德福定律,认为每个学科都有 20% 的期刊是核心期刊;就是在同一一级学科内,其不同二级学科的差别也存在,因此建议按不同学科选择不同的计量指标和不同的核心期刊比例进行遴选。其次,随着新兴学科、前沿学科的兴起,学科间的交叉融合更为频繁,学科分类更为困难,因此评价机构也要与时俱进,科学界定跨学科跨领域方向的学术期刊,并进行科学合理的评价。

第二节 农业科技期刊不同来源影响因子的选择

期刊影响因子(Impact Factor,IF)是美国 SCI 创始人 Garfield E 于 1972 年提出的作为评价期刊的一个重要指标,长期以来,汤森路透(Thomson Reuters)在每年的《期刊引证报告》(JCR)中都公布了入选期刊的影响因子。科技期刊影响因子是反映期刊学术水平最为重要的文献计量学指标,也是核心期刊评价中最为主要的定量评价指标。目前我国开展科技期刊影响因子统计的机构主要有清华大学中国学术期刊(光盘版)电子杂志社发布的《中国学术期刊影响因子年报》(简称 CNKI)、中国科技信息研究所发布的《中国科技期刊引证报告(核心版)》(简称 CJCR)和中国科学院文献情报中心建立的"中国科学引文数据库"(简称 CSCD)。影响因子按统计年限的不同,又可分为 2 年影响因子(IF)和 5 年影响因子(IF5);按来源指标选取角度的不同,还可分为影响因子(IF)和他引影响因子(NSC-JF)。

同一期刊依不同来源和统计方式所得出的影响因子差异很大,因此如何科学合理地选择影响因子,也就成为科技期刊评价工作中广受关注的问题。目前对期刊影响因子的研究,主要集中在影响因子统计方法的修正,以及影响因子与其他文献计量学指标的相关性方面。而关于不同来源影响因子的差异性比较则较少报道。熊水斌等[7]对CSCD、CJCR、万方等5种科技期刊引证指标数据库进行总体上的对比分析，认为各数据库的引证指标各有其特色和代表性，但没有对各数据库来源的计量指标（如影响因子）进行量化分析。莫京等[10]比较了JCR和CJCR期刊总被引频次中的自引比例，认为排除自引对JCR的影响因子排序影响不大，而对CJCR影响因子排序影响显著，但没有进一步分析影响因子中的自引程度。Campanario（2011）、赵星（2010）、王娟等（2012）以统计学方法分析JCR的IF与IF5，认为IF5能更好地体现多数期刊的被引高峰，较好地反映期刊的平均被引水平，但研究主要是考察SCI期刊，未涉及国内的科技期刊。迄今尚未见对不同统计源、不同引用角度和不同统计年限所得出的有关影响因子进行综合比较分析的报道。为此，本研究以34种综合性农业科学类核心期刊为研究对象，分别统计各刊2012—2014年来自CNKI、CJCR和CSCD的各类影响因子，包括IF、NSC-IF、IF5和NSC-IF5，应用唐启义①的DPS（Data Processing System）数据处理系统比较分析它们之间的差异性，以期为科技期刊评价部门合理选择不同来源的影响因子提供参考依据，并为科技期刊编辑如何科学合理提升期刊影响力提供参考借鉴。

一、研究资料与方法

（一）来源期刊

开展期刊影响因子比较，应选择同一学科的期刊（张玉华，1998），且要有一定的期刊数量和较好的学术质量，因此以入选《中文核心期刊要目总览》（2014年版）的34种综合性农业科学类核心期刊作为统计对象（期刊及排序以"总览"为准，名单略）。

（二）来源指标

利用中国知网提供的"中国学术期刊评价开放型定制服务系统（CAJES）"，来源数据库范围分别选择"CNKI统计源刊（CNKI）""中信所（CJCR）"和"中科院（CSCD）"3种，检索年度为2012年、2013年和2014年，定义评价指标包括影响因子（IF）、他引影响因子（NSC-IF）、5年影响因子（IF5）和5年他引影响因子（NSC-IF5）4种，每刊各获得12种不同来源的影响因子数据，34种期刊3个年度共检索获得1224个影响

---

① 唐启义.DPS数据处理系统（第3版）[M].北京：科学出版社，2013

因子数据，进一步统计综合性农业科学类期刊 3 个年度 12 种影响因子的平均值，共获得该学科平均影响因子数据 36 个。

（三）统计方法

把所获得的影响因子数据按不同统计内容分别导入 DPS 数据统计软件，进行 LSD 或 LSR 差异性分析。

（四）统计内容

1. 不同数据库来源的期刊影响因子变化统计

选择 IF、NSC-IF、IF5 和 NSC-IF5 为统计对象，分别比较其来源于不同统计源数据库间的差异显著性；以 CNKI 影响因子为对照，分别统计各年度 34 种个刊和该学科 CJCR 与 CSCD 影响因子递减率及其差异显著性。影响因子递减率是指某一种源刊统计的影响因子与另一种源刊统计的影响因子相比较递减的比率，计算公式为：

IF 递减率$_{CNKI-CJCR}$（%）= [（$IF_{CNKI}-IF_{CJCR}$）/ IF_{CNKI}] ×100

IF 递减率$_{CNKI-CSCD}$（%）= [（$IF_{CNKI}-IF_{CSCD}$）/ IF_{CNKI}）] ×100

2. 影响因子（IF）与他引影响因子（NSC-IF）比较

分别比较各刊和该学科各种来源 IF 与 NSC-IF 的差异显著性，以及影响因子的自引率及其差异显著性。影响因子自引率是指期刊自引影响因子所占的比例，体现自引对影响因子贡献的比率（刘雪立，2014），计算公式为：IF 自引率（%）= [（$IF-IF_{NSC}$）/ IF] ×100

3. 影响因子（IF）与 5 年影响因子（IF5）的差异比较

比较各刊和该学科不同来源 IF 和 IF5 的差异显著性，差异测度则用影响因子增加率表示，计算公式为：IF5 增加率（%）= [（IF_5-IF）/ IF] ×100，并以《中国农业科学》为例，比较该刊 IF 与 IF5 的差异显著性。

二、研究结果与分析

（一）不同数据库来源的期刊影响因子变化比较

不同统计源数据库给出的影响因子各不相同。期刊影响因子的高低，取决于数据库源刊的数量。数据库统计源刊越多，则期刊影响因子越高。CNKI 共有自然科学类统计源刊 3 700 种左右，CJCR 共收录中国科技论文统计源刊（自然科学类）1 900 多种，选刊最为严格的为 CSCD（中国科学引文数据库），共有来源期刊 1 143 种。由于 3 个数据库的收录期刊均逐年有所减少，因此 3 个年度影响因子均呈逐年下降趋势（图 5-1），虽然 3 个数据库每年的统计来源期刊数量有所变化,但总体上变化幅度很小(<5%),经 t 检验年份间 IF 差异无统计学意义($p>0.05$),说明年度间 IF 差异不大,可以开展 LSD 或 LSR 比较。从图 5-2 可看出,3 种不同数据库来源的期刊影响因子从高到低依次为:IF(CNKI)>IF(CJCR)>IF(CSCD),且三者间差异有高度统计学意义($p<0.01$)。

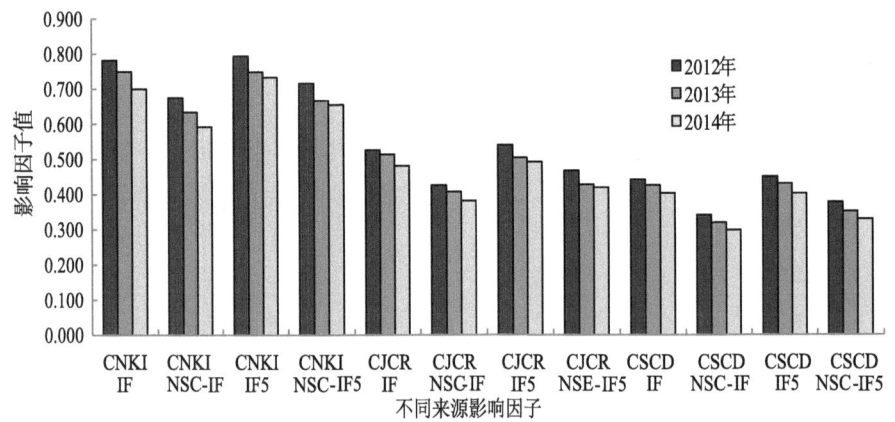

图 5-1　综合性农业科学核心期刊 12 种来源影响因子年度变化动态

为了更直观地对 34 种期刊来源于 3 种不同数据库的影响因子进行比较,以期刊为横轴,以 3 种不同数据库来源的期刊影响因子平均值为纵轴,按期刊来源于 CNKI 的影响因子由小到大的顺序得出其关系(图 5-3)。从图 5-3 个刊的变化可看出,34 种期刊中,来源于 CNKI 的影响因子明显高于来源于 CJCR 和 CSCD 的影响因子,而来源于 CJCR 的影响因子也明显高于来源于 CSCD 的影响因子,其中 CJCR 和 CSCD 影响因子变化趋势基本一致。

CNKI 源刊是基于 CNKI 大型数据库的期刊,而 CJCR 和 CSCD 源刊是采用文献计量学方法经过定量评估和专家定性评价而筛选出的期刊,是各学科中学术水平较高的重要期刊,因此,对于同一学科的不同期刊,如果其 IF 递减率(CNKI→CJCR 或 CNKI→CSCD)越小,则表明其被重要期刊引用的比例越高。34 种期刊影响因子递减率差异很大(表 5-1),以 CJCR 为源刊的影响因子递减率变幅在 18.19%~51.41%,以 CSCD 为源刊的影响因子递减率变幅在 27.56.%~69.44%,CSCD 影响因子的递减率明显高于 CJCR。其中递减率从低到高排名前 5 位的期刊分别为《中国农业科学》《农业生物技术学报》《干旱地区农业研究》《南京农业大学学报》和《华中农业大学学报》(表 5-1)。递减率较高的为图 5-3 中编号为 11、14、21、31 的期

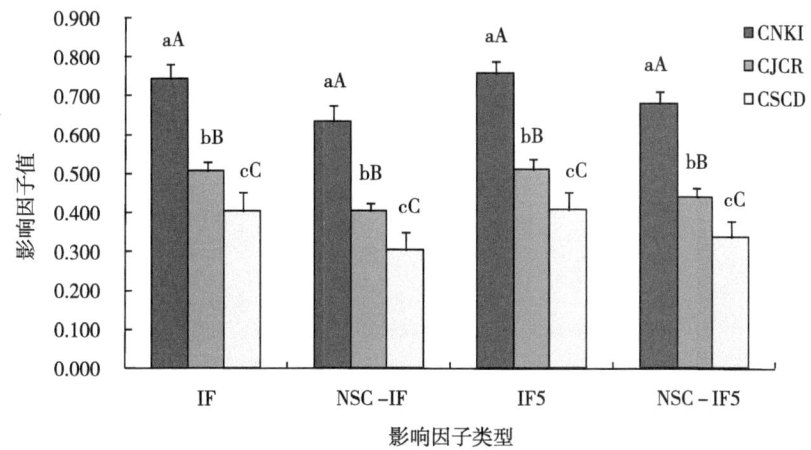

图 5-2 综合性农业科学类期刊不同数据库来源的影响因子差异性比较

注：①各来源影响因子值为 3 年的平均值；②各类型影响因子 3 年平均值采用最小显著极差法（*LSR* 法）进行多重比较，同一影响因子类型不同小写字母表示差异有统计学意义（$p<0.05$），不同大写字母表示差异有高度统计学意义（$p<0.01$）。

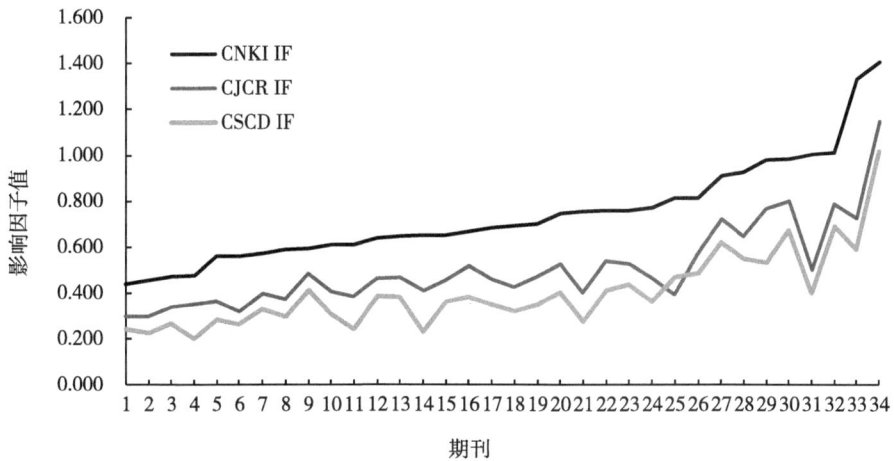

图 5-3 34 种综合性农业科学核心期刊 3 种数据库来源的影响因子比较

（注：数据为 3 年平均值）

刊。不同数据库来源的期刊影响因子递减率，可以从一定程度上体现期刊的学术水平。

表5-1 排名前5位的期刊不同统计源刊4种类型影响因子递减率

单位:%

期刊	影响因子递减率$_{CNKI-CJCR}$					影响因子递减率$_{CNKI-CSCD}$				
	IF	NSC-IF	IF5	NSC-IF5	平均	IF	NSC-IF	IF5	NSC-IF5	平均
综合性农业科学类期刊	31.74	36.10	32.44	35.49	33.94	45.45	51.82	46.29	50.63	48.55
34种综合性农业科学类期刊变幅范围	18.19~51.41	20.64~56.85	19.27~47.29	21.20~51.35	19.82~51.72	27.56~64.84	31.29~68.21	29.23~63.29	32.14~69.34	30.06~66.42
中国农业科学	18.19	20.64	19.27	21.20	19.83	27.56	31.29	29.23	32.14	30.06
农业生物技术学报	18.47	21.99	22.68	25.61	22.19	30.21	35.84	34.28	38.73	34.76
干旱地区农业研究	20.32	23.32	23.00	25.84	23.12	31.81	36.53	34.44	38.64	35.36
南京农业大学学报	18.58	25.03	22.45	27.35	23.35	31.42	42.47	35.36	43.00	38.06
华中农业大学学报	22.02	30.08	27.83	31.91	27.96	31.75	43.4	40.05	45.96	40.29

注：数据为3年平均值。

（二）影响因子（IF）与他引影响因子（NSC-IF）比较

从3种数据库来源的期刊的IF与NSC-IF比较看，IF均明显高于NSC-IF，差异有高度统计学意义（$p<0.01$）（表5-2）。从不同数据库来源的影响因子比较看（表5-3），IF自引率从高到低依次为：CSCD>CJCR>CNKI，说明随着源刊数量的减少，自引率也就相应提高。其中尤以CSCD影响因子的自引率最高（24.25%），来源于CNKI的IF自引率为14.27%，来源于CJCR的IF自引率为20.57%，稍高于张玉华等（2005）报道的农业类期刊CJCR平均自引率（17.9%）。从IF与IF5自引率比较看（表5-3），IF的自引率高于IF5的自引率，差异有高度统计学意义（$p<0.01$），说明以期刊发表后2年内的论文自被引居多。以CSCD影响因子为例，从图5-4可以看出各刊NSC-IF与IF之间明显的差异性，且不同期刊之间差异很大，变幅在5.51%~52.82%（表5-3），其中编号为8、18、30、31的期刊影响因子中自引比例太高，最高者达52.82%，说明个别期刊存在明显的过度自引的现象。

第五章 科技期刊的评价

表 5-2　综合性农业科学类核心期刊综合影响因子和他引影响因子差异显著性比较

影响因子来源	CNKI		CJCR		CSCD	
	2 年	5 年	2 年	5 年	2 年	5 年
IF	0.743**	0.758**	0.507**	0.512**	0.405**	0.407**
NSC-IF	0.634	0.679	0.404	0.438	0.305	0.335

注：数据为 3 年平均值，同列数值右上方的 ** 表示差异有高度统计学意义（$p<0.01$）。

表 5-3　综合性农业科学类核心期刊影响因子自引率比较　　单位：%

项　目	IF 类型	CNKI	CJCR	CSCD
34 种综合性农业科学类期刊	IF	14.27**	20.57**	24.25**
	IF5	10.33	15.23	18.09
34 种期刊变幅范围	IF	3.22~31.77	4.62~45.16	5.51~52.82
	IF5	2.65~23.41	3.73~34.4	4.53~40.53

注：数据为 3 年平均值，同列数值右上方的 ** 表示差异有高度统计学意义（$p<0.01$）。

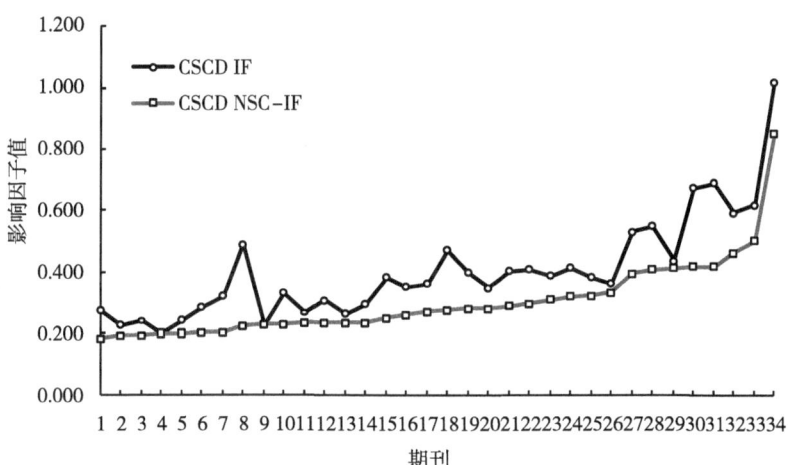

图 5-4　34 种综合性农业科学核心期刊 CSCD 影响因子和他引影响因子比较

（注：数据为 3 年平均值）

(三) 2年影响因子与5年影响因子的差异比较

5年影响因子是指某期刊前5年发表的论文在统计当年的总被引次数除以该刊前5年出版的论文总量。统计结果显示，在3种数据库来源的期刊影响因子中，学科IF5均高于IF，但两者间差异无统计学意义（$p>0.05$），而NSC-IF5明显高于NSC-IF，差异有统计学意义（$p<0.05$）（表5-4）。值得关注的是，该学科学术水平居首位的期刊《中国农业科学》，无论哪种来源的影响因子，IF5均高于IF，差异有高度统计学意义（$p<0.01$）（表5-5）。从个刊比较看（表5-6），IF5大于IF的刊数比例在52.94%~58.82%，而对于他引影响因子而言，NSC-IF5大于NSC-IF的刊数比例高达82.35%~85.29%，其中来源于CSCD的NSC-IF5增加率最大值为43.06%。图5-5是34种期刊来源于CSCD的NSC-IF和NSC-IF5的直观比较，结果表明多数期刊（28种）的NSC-IF5大于NSC-IF，说明该学科的大部分期刊他引的引文高峰并没有在前2年出现，因此对于此类引文高峰到来比较晚的学科期刊，IF5更具有合理性。

表5-4　农业综合性科学类核心期刊IF与IF5的差异性比较

引证年限	CNKI		CJCR		CSCD	
	影响因子	他引影响因子	影响因子	他引影响因子	影响因子	他引影响因子
2年	0.743	0.634	0.507	0.404	0.405	0.305
5年	0.758	0.679*	0.512	0.438*	0.407	0.335*

注：数据为3年平均值，同列数值右上方的*表示差异有统计学意义（$p<0.05$）。

表5-5　《中国农业科学》IF与IF5的差异性比较

引证年限	CNKI		CJCR		CSCD	
	影响因子	他引影响因子	影响因子	他引影响因子	影响因子	他引影响因子
2年	1.406	1.236	1.150	0.981	1.018	0.849
5年	1.629**	1.481**	1.315**	1.167**	1.153**	1.005**

注：数据为3年平均值，同列数值右上方的**表示差异有高度统计学意义（$p<0.01$）。

表 5-6　农业综合性科学类核心期刊 IF 与 IF5 比较及 IF5 增加率

项目	CNKI		CJCR		CSCD	
	影响因子	他引影响因子	影响因子	他引影响因子	影响因子	他引影响因子
IF > IF5 期刊比例 (%)	41.18	14.71	47.06	17.65	44.12	17.65
IF5 > IF 期刊比例 (%)	58.82	85.29	52.94	82.35	55.88	82.35
IF5 增加率最大值 (%)	27.92	31.05	30.73	35.77	35.10	43.06

注：数据为 3 年平均值。

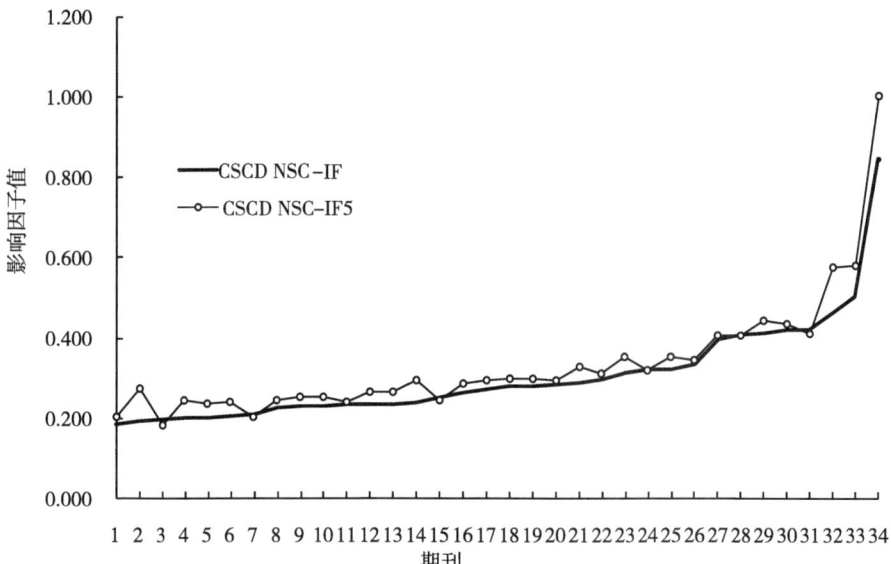

图 5-5　34 种综合性农业科学核心期刊 CSCD 他引影响因子和 5 年他引影响因子比较

（注：数据为 3 年平均值）

三、研究思考与建议

（一）关于来源数据库的选择

CNKI、CJCR 和 CSCD 是我国科技期刊最主要的 3 个文献计量学来源数据库，其中 CNKI 是依托于中国知网的大型数据库，而 CJCR 和 CSCD 是基于源期刊的数据库。从源刊数量看，CNKI 的源刊数量是 CJCR 的 2 倍左右，是 CSCD 的 3.2 倍。期刊影响因子是指某刊前 n 年发表论文在统计年被源刊引用的次数除以该刊前 n 年刊载论文数量，可见某刊在统计年被源刊引用的次数是决定其影响因子的关键参数，源刊数量越多，被源期刊引用的频次也越高，期刊影响因子相应越大。从本研究结果看，综合性农业科学类期刊 3 种数据库来源的影响因子差异有高度统计学意义（$p<0.01$），并且总体上显现出一种趋势：即学术质量越高的期刊，其 CJCR 和 CSCD 相对于 CNKI 的影响因子递减率越低，说明其被高水平期刊引用的比例越多，则其引用价值也越高。熊水斌（2015）等认为，基于大型数据库的引证指标虽然能更全面反映期刊的被引情况，但由于大型数据库收录了许多学术质量不高的期刊，这些期刊存在引证行为较为随意，引证方法不严谨，引证格式不规范的现象，因此用于反映影响力的计量指标会存在较大的偏差，而源期刊是经过严格遴选的期刊，基于源刊统计得到的引证指标相比基于大型数据库的数据，相当于进行了一次筛选，剔除了影响力相对较低的期刊，从而提高了高影响论文引用的权重。因此来源于源刊的影响因子相对更为可靠，能更准确反映期刊的学术影响力和学科地位，也获得了更高的认可度。本研究从影响因子量化差异的角度进一步验证了这个结果。这也可从目前几种评价体系在现实应用中的结果得到印证，如 CSCD 和 "北大核心"，采用的引用指标来源于 CSCD 数据库，这两种评价体系目前在全国高校和科研机构的学术评价中得到普遍的应用，其次为中信所的 CJCR（采用的指标来源为 CJCR 数据库），而武大的 RCCSE 和 CNKI-CI（CNKI 期刊影响力指数）采用的指标来源为 CNKI 数据库，这两种评价体系在目前学术评价中应用比例较低。

（二）关于影响因子和他引影响因子的选择

自引是科技期刊引证中的正常现象，也是科技期刊评价中广受关注的一个引证行为。不同学科的科技期刊，其自引率差异很大，自引率与学科的范围、大小和学科期刊数量多少有关，通常学科的范围越大，则学科内期刊的自引率越小（刘雪立，2014）。综合性农业科学期刊的发文范围涵盖一级学科农业科学类，学科范围广，学科期刊数量众多，因此正常情况下该学科的期刊自引率不会太高。据 Thomson Scientific 利用 SCI-E 的引文数据统计，在 SCI 的来源期刊的自被引率大于 20% 时，就认为是过度自引（刘筱敏，2010）。本研究显示，综合性农业科学类来源于 CSCD 影响因子的自引率达 21.17%，说明该学科期刊总体上自引对影响因子的贡献过大。值得关注的是，来源于 3 种数据库的 2 年影响因子自引率均高于 5 年影响因子自引率，差异有高度统计学意义（$p<0.01$），说明自引的施引年限以前 2 年发表的论文居多，目的是既能提高总被引频次，又能提高影响因子，这种现象在源刊选取最为严格的 CSCD 中表现尤为明显。极个别期刊影响因子的自引率甚至超过了 50%，这个比例对于综合性农业科学期刊而言，可能存在不当自引的行为。

由于我国科技期刊普遍存在自引率偏高的现象，为了避免这种不正当行为对期刊评价的影响，有关期刊评价机构采取相应的措施不断完善评价体系，如 CSCD 遴选来源期刊的评价指标主要采用他引总频次和他引影响因子，"北大核心"在 2011 年版增加了他引量的指标，2014 年版增加了他引影响因子指标，且他引量和他引影响因子的权重之和达 50% 以上，CJCR 引入他引率作为评价指标，其权重（0.18）仅次于总被引频次和影响因子（马峥 等，2015）。而 RCCSE 和 CNKI-CI 没有考虑期刊的自引过度问题，显然对期刊评价结果会产生不同程度的偏差。因此建议期刊评价机构，对于不同性质的期刊宜采用不同的评价体系，如对于综合类期刊，他引影响因子应作为主要的 IF 指标。

（三）关于 2 年影响因子和 5 年影响因子的选择

影响因子统计年限的讨论也是学术界的热点，长期以来 JCR 发布 SCI 期刊的影响因子一直采 2 年为时间跨度。Archambault 等（2009）指出，以 2 年影响因子的时间跨度太短，对于一些反应比较慢的学科不能合理地测度其期刊论文影响力。于是汤森路透自 2009 年起在 JCR 中增加了 5 年期影响因子。前人的研究表明（赵星，2010；王娟 等，2012），以 5 年为期刊统计期是体现期刊被引高峰期与期刊平均被引的一个最佳统计期，IF5 较好地反映出了期刊的被引高峰期和论文被引平均水平，是影响因子概念的本质体现，并且符合布拉德福分布。本研究对国内期刊的 IF2 和 IF5 进行差异显著性比较，显示两者重复性好、差异无统计学意义（$p>0.05$），但是去除自引后，他引 IF2 和他引 IF5 之间差异却有高度统计学意义（$p<0.01$），这种现象表明，在去除自引后，他引的引用高峰期在论文发表后 2~5 年，本研究显示

IF5 是一个比 IF2 更为客观的影响因子指标。目前国内科技期刊评价体系除 CSCD 和"中文核心"外，均没有把 IF5 和 NSC-IF5 作为评价指标。因此笔者认为，各评价机构开展综合性农业科学类期刊评价，建议增加 NSC-IF5 作为重要的影响因子评价指标。

（四）关于影响因子作为期刊评价指标的利弊

影响因子作为评价期刊的一种定量指标有其科学性，其优点在于能提供比较客观、系统、准确与实用的数据，并能消除因期刊容量不同而出现的引文频次上的偏差，因此影响因子已成为国际上通用的评价方法被广泛使用（钱澄，2015）。但在期刊评价中过分倚重影响因子等量化指标也出现了种种弊端，使得影响因子受到越来越多的争议（耿艳辉，2014）。采用影响因子评价期刊也有其不可忽视的局限性：一是难以将不同学科属性的期刊进行直接比较；二是无法识别引用的失真现象，有的期刊文献引用存在随意性，有的期刊存在人为干扰和操纵影响因子行为，导致影响因严重失真；三是无法辨析引用的重要性，包括"详引"与"略引"，"正引"与"负引"等；四是不能真实反映一些期刊的影响力，即使统计时段设为 5 年，对进展缓慢、半衰期较长的研究领域也无法给出满意的描述。因此，科技期刊评价部门应充分重视影响因子设计上的缺陷，采用定性与定量并重的评价机制，尤其要加大同行评议在期刊评价指标中的比重，通过制定科学合理的同行评价制度来尽量规避文献计量学指标在评价科技期刊方面的不足。

第三节　农业科学类中文科技期刊影响因子比较分析

影响因子是评价科技期刊学术质量最重要的文献计量学指标之一，也是国际上通行的期刊评价指标。期刊的 5 年他引影响因子（NSC-IF5）是学术期刊评价体系中最为重要的一个计量指标，在《中文核心期刊要目总览》（第 8 版）和中国科学引文数据库（CSCD）期刊遴选中所占的权重最大。CSCD 是由中国科学院文献情报中心参考 SCI 评价模式创建的我国最具权威性的科学引文索引数据库，被誉为"中国的 SCI"。CSCD 被广泛应用于科技期刊的分级评价（如作为"中文核心"和 CSCD 遴选的数据源），而且已在我国科研院所和高校基金资助、项目评估、成果申报、人才选拔等多方面作为权威文献检索工具。CSCD 每 2 年筛选 1000 多种中英科技期刊作为统计源刊，其中农业科学类中文版科技期刊 105 种，占农业科学类科技期刊的 20%

左右，农业科学类 CSCD 源刊总体上反映了我国重要农业学术期刊的发展状况和水平。依据中图分类法，农业科学类期刊可进一步分为综合性农业科学、农业基础科学、农艺学、植物保护、林业科学、畜牧与动物医学、水产科学等 7 个学科类别。为探讨我国中文版农业科学类重要学术期刊影响力的个刊动态与学科分布，现对我国农业科学类中文版 CSCD 源期刊 7 个类别 2014—2016 年的 NSC-IF5 采用数理统计方法进行比较，以期从文献计量学角度评估我国农业科学类重要学术期刊的学术影响力和学术水平。

一、研究资料与方法

（一）来源期刊和数据源的选取

以入选 CSCD（2019—2020）的中文版农业科学类期刊为评估对象，共计 105 种，其中综合性期刊 33 种、农业基础科学 13 种、农艺学 18 种、植物保护 9 种、林业科学 11 种、畜牧与动物医学 10 种、水产科学 11 种。NSC-IF5 来源于中国知网提供的"中国学术期刊评价开放型定制服务系统（CAJES）"。

（二）统计方法

分析 105 种农业科技期刊 3 年 NSC-IF5 均值的分布态势；利用 DPS 数据处理系统分析学科内各刊之间的 3 个年度 NSC-IF5 均值差异显著性；对 7 个学科类别的期刊 3 年 NSC-IF5 值进行排序，利用 DPS 数据处理系统分析结果的差异显著性。

二、研究结果与分析

（一）105 种农业科技期刊 3 年 NSC-IF5 均值的分布态势

统计结果显示（图 5-6），2014—2016 年，105 种农业科技期刊的 3 年 NSC-IF5 均值的聚集度呈近似正态分布。105 种期刊 NSC-IF5 平均值为 0.424；NSC-IF5 大于 1 的期刊有 4 种，依次分别为《植物与营养学报》（1.319）、《土壤学报》（1.230）《作物学报》（1.114）和《中国农业科学》（1.034）。NSC-IF5 介于 0.6~1.0 的期刊有 13 种；NSC-IF5 介于 0.2~0.6 的期有 80 种，占总数的 76.2%，其中 NSC-IF5 聚集度最高的区间是 0.2~0.3，该区间的期刊种数有 29 种；有 9 种期刊的 NSC-IF5 小于 0.2。

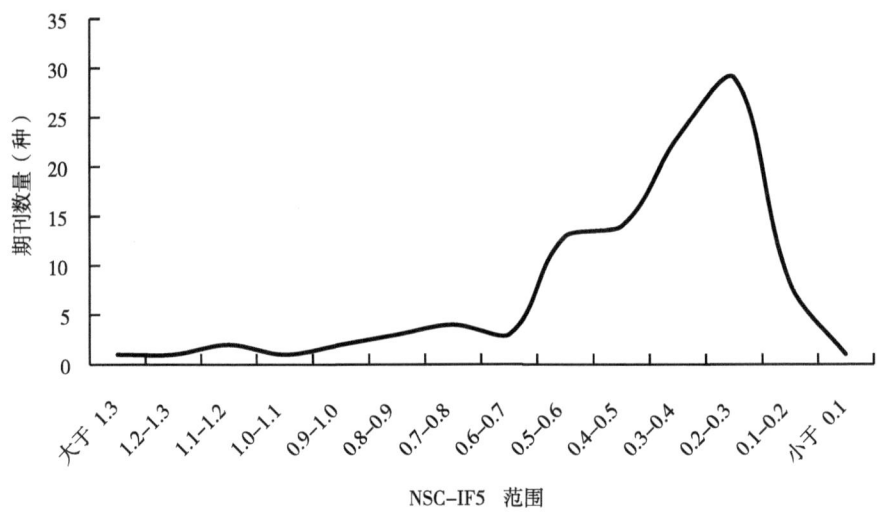

图 5-6 105 种农业科学期刊 NSC-IF 聚集度

（二）各分学科期刊 NSC-IF5 比较

1. 综合性农业科学类期刊

统计结果显示（表5-7），2014—2016 年，33 种综合性农业科学类期刊的 3 年平均 NSC-IF5 值为 0.323；其中 NSC-IF5 值最高的是《中国农业科学》（1.034），与其他 32 种期刊差异达极显著水平（$p<0.01$）；排名第 2 的是《干旱地区农业研究》（0.512），与排名第 3 名以后的 31 种期刊差异也达极显著水平（$p<0.01$）；排名第 3~8 位的 6 种期刊 3 年平均 NSC-IF5 值在 0.384~0.441，它们之间差异未达显著水平，但它们均与排名在第 14 位之后 20 种期刊差异达显著水平（$p<0.05$）；排名第 24~33 位的 10 种期刊之间的 NSC-IF5 值差异不显著（$p>0.05$），但与排名为第 14 位之前的 14 种期刊差异显著（$p<0.05$）。据此，可以把 33 种期刊分为 T1、T2 和 T3 个区，T1 为《中国农业科学》和《干旱地区农业研究》，T2 为排名第 3~14 位的期刊，T3 为排名第 15~33 位的期刊。

表 5-7 33 种综合性农业科学类期刊 NSC-IF5 比较

序号	期刊名称	NSC-IF5				差异显著性	
		2014	2015	2016	均值	5%	1%
1	中国农业科学	0.918	1.151	1.034	1.034	a	A

第五章 科技期刊的评价

（续表）

序号	期刊名称	NSC-IF5				差异显著性	
		2014	2015	2016	均值	5%	1%
2	干旱地区农业研究	0.522	0.536	0.486	0.515	b	B
3	浙江大学学报（农业与生命科学版）	0.488	0.444	0.391	0.441	c	C
4	中国农业大学学报	0.413	0.441	0.415	0.423	cd	CD
5	核农学报	0.356	0.466	0.431	0.418	cde	CD
6	南京农业大学学报	0.400	0.443	0.388	0.410	cde	CD
7	中国农业科技导报	0.371	0.420	0.394	0.395	cdef	CDE
8	华北农学报	0.377	0.416	0.359	0.384	cdefg	CDE
9	华中农业大学学报	0.329	0.456	0.338	0.374	defgh	CDEF
10	浙江农林大学学报	0.356	0.379	0.351	0.362	efgh	DEF
11	西北农林科技大学学报（自然科学版）	0.338	0.413	0.329	0.360	efgh	DEF
12	农业生物技术学报	0.311	0.385	0.353	0.350	fghi	DEFG
13	华南农业大学学报	0.350	0.326	0.301	0.326	ghij	EFGH
14	江苏农业学报	0.305	0.324	0.328	0.319	hij	EFGHI
15	西北农业学报	0.304	0.312	0.284	0.300	ijk	FGHIJ
16	江西农业大学学报	0.292	0.287	0.267	0.282	jkl	GHIJK
17	云南农业大学学报	0.243	0.328	0.260	0.277	jklm	GHIJK
18	农业现代化研究	0.213	0.285	0.325	0.274	jklm	GHIJKL
19	东北农业大学学报	0.244	0.294	0.235	0.258	klmn	HIJKLM
20	湖南农业大学学报（自然科学版）	0.263	0.263	0.245	0.257	klmn	HIJKLM
21	沈阳农业大学学报	0.269	0.256	0.239	0.255	klmno	HIJKLM
22	四川农业大学学报	0.270	0.253	0.233	0.252	klmno	HIJKLM
23	甘肃农业大学学报	0.278	0.248	0.198	0.241	klmno	IJKLM
24	西南农业学报	0.243	0.252	0.224	0.240	klmnop	IJKLM
25	福建农林大学学报（自然科学版）	0.250	0.232	0.220	0.234	lmnop	JKLM
26	吉林农业大学学报	0.218	0.254	0.209	0.227	lmnop	JKLM
27	福建农业学报	0.206	0.254	0.200	0.220	lmnop	JKLM
28	浙江农业学报	0.222	0.240	0.192	0.218	mnop	KLM

(续表)

序号	期刊名称	NSC-IF5				差异显著性	
		2014	2015	2016	均值	5%	1%
29	南方农业学报	0.179	0.226	0.247	0.217	mnop	KLM
30	河南农业大学学报	0.228	0.209	0.193	0.210	nop	KLM
31	新疆农业科学	0.208	0.218	0.189	0.205	nop	KLM
32	安徽农业大学学报	0.210	0.195	0.173	0.193	op	LM
33	河北农业大学学报	0.188	0.184	0.165	0.179	p	M
	综合性农业科学类期刊	0.314	0.345	0.309	0.323		

注：各刊3年平均IF值采用最小显著极差法（简称LSR法）进行多重比较；不同小写字母表示在 $\alpha=0.05$ 水平上差异显著，不同大写字母表示在 $\alpha=0.01$ 水平上差异显著；余表同此。

2. 农业基础科学类期刊

统计结果显示（表5-8），2014—2016年，13种农业基础科学类期刊的3年平均NSC-IF5值为0.710，且各刊之间的NSC-IF5值差异明显。NSC-IF5值居前2位的是《植物营养与肥料学报》（1.319）和《土壤学报》（1.230），与排名第3名以后的11种期刊差异达极显著水平（$p<0.01$）；排名第3~7位的5种期刊3年平均NSC-IF5值在0.687~0.960，它们均与排名在第13位之后6种期刊差异达显著水平（$p<0.05$）。据此，可以把13种期刊分为T1、T2和T3个区，T1为《植物营养与肥料学报》和《土壤学报》，T2为排名第3~7位的《中国生态农业学报》等5种期刊，T3为排名第8~13位的5种期刊。

表5-8　13种农业基础科学类期刊NSC-IF5比较

序号	期刊名称	NSC-IF5				差异显著性	
		2014	2015	2016	均值	5%	1%
1	植物营养与肥料学报	1.184	1.382	1.391	1.319	a	A
2	土壤学报	1.068	1.311	1.311	1.230	a	A
3	中国生态农业学报	0.852	1.046	0.983	0.960	b	B
4	生态环境学报	0.868	0.909	0.887	0.888	bc	BC
5	农业环境科学学报	0.696	0.897	0.826	0.806	cd	CD

（续表）

序 号	期刊名称	NSC-IF5				差异显著性	
		2014	2015	2016	均值	5%	1%
6	水土保持学报	0.732	0.789	0.759	0.760	de	CD
7	土壤	0.616	0.734	0.711	0.687	e	DE
8	中国水土保持科学	0.604	0.590	0.516	0.570	f	EF
9	土壤通报	0.499	0.556	0.615	0.557	f	EF
10	中国土壤与肥料	0.507	0.614	0.489	0.537	f	F
11	水土保持研究	0.371	0.419	0.406	0.399	g	G
12	水土保持通报	0.368	0.398	0.378	0.381	g	G
13	中国水土保持	0.131	0.144	0.116	0.130	h	H
	农业基础科学类期刊	0.654	0.753	0.722	0.710		

3. 农艺学类期刊

统计结果显示（表5-9），2014—2016年，18种农艺学类期刊的3年平均NSC-IF5值为0.458，且各刊之间的NSC-IF5值差异明显。NSC-IF5值居前2位的是《作物学报》（1.114）和《中国水稻科学》（0.828），与排名第3名以后的16种期刊差异达极显著水平（$p<0.01$）；排名第3~7位的5种期刊3年平均NSC-IF5值在0.479~0.554，其均与排名在第8位之后5种期刊差异达显著水平（$p<0.05$）。据此，可以把18种期刊分为T1、T2和T3个区，T1为《作物学报》和《中国水稻科学》，T2为排名第3~7位的《中国油料作物学报》等5种期刊，T3为排名第8~18位的11种期刊。

表5-9 18种农艺学类期刊NSC-IF5比较

序 号	期刊名称	NSC-IF5				差异显著性	
		2014	2015	2016	均值	5%	1%
1	作物学报	1.068	1.272	1.001	1.114	a	A
2	中国水稻科学	0.799	0.930	0.756	0.828	b	B
3	中国油料作物学报	0.465	0.690	0.506	0.554	c	C
4	园艺学报	0.537	0.618	0.486	0.547	c	C
5	植物遗传资源学报	0.511	0.621	0.489	0.540	cd	C

(续表)

序号	期刊名称	NSC-IF5 2014	2015	2016	均值	差异显著性 5%	1%
6	中国烟草学报	0.500	0.575	0.532	0.536	cd	C
7	果树学报	0.422	0.544	0.471	0.479	cde	CD
8	棉花学报	0.423	0.570	0.356	0.450	de	CDE
9	茶叶科学	0.495	0.431	0.416	0.447	de	CDE
10	中国烟草科学	0.386	0.527	0.422	0.445	de	CDE
11	麦类作物学报	0.404	0.442	0.345	0.397	ef	DEF
12	玉米科学	0.363	0.409	0.412	0.395	ef	DEF
13	分子植物育种	0.396	0.382	0.236	0.338	fg	EFG
14	大豆科学	0.285	0.335	0.226	0.282	g	FG
15	食用菌学报	0.235	0.315	0.268	0.273	g	FG
16	烟草科技	0.213	0.295	0.306	0.271	g	FG
17	热带作物学报	0.244	0.288	0.245	0.259	g	G
18	杂交水稻	0.085	0.079	0.082	0.082	h	H
	农艺学类期刊	0.435	0.518	0.420	0.458		

4. 植物保护学类期刊

统计结果显示（表5-10），2014—2016年，9种植物保护学类期刊的3年平均NSC-IF5值为0.390，且各刊之间的NSC-IF5值差异明显。NSC-IF5值居前2位的是《植物保护学报》（0.584）和《植物病理学报》（0.511），与排名第3名以后的7种期刊差异达极显著水平（$p<0.01$）；排名第8~9位的2种期刊与排名第3~7位的5种期刊差异达极显著水平（$p<0.01$）。据此，可以把9种期刊分为T1、T2和T3个区，T1为《植物保护学报》和《植物病理学报》，T2为排名第3~7位的5种期刊，T3为排名第8~9位的2种期刊。

表5-10 9种植物保护学类期刊NSC-IF5比较

序号	期刊名称	NSC-IF5 2014	2015	2016	均值	差异显著性 5%	1%
1	植物保护学报	0.544	0.666	0.541	0.584	a	A

(续表)

序号	期刊名称	NSC-IF5				差异显著性	
		2014	2015	2016	均值	5%	1%
2	植物病理学报	0.500	0.559	0.475	0.511	b	A
3	昆虫学报	0.400	0.469	0.418	0.429	c	B
4	中国生物防治学报	0.377	0.490	0.406	0.424	c	B
5	植物保护	0.371	0.423	0.368	0.387	c	B
6	应用昆虫学报	0.328	0.380	0.437	0.382	c	B
7	农药学学报	0.373	0.390	0.369	0.377	c	B
8	环境昆虫学报	0.231	0.278	0.181	0.230	d	C
9	农药	0.164	0.194	0.198	0.185	d	C
	植物保护类期刊	0.365	0.428	0.377	0.390		

5. 林业科学类期刊

统计结果显示（表5-11），2014—2016年，11种林业科学类期刊的3年平均NSC-IF5值为0.365，且各刊之间的NSC-IF5值差异明显。NSC-IF5值居第1位的是《林业科学》（0.705），与排名第2名以后的10种期刊差异达极显著水平（$p<0.01$）；排名第2~4位的3种期刊与排名在第5位之后7种期刊差异达极显著水平（$p<0.01$）。据此，可以把18种期刊分为T1、T2和T3个区，T1为《林业科学》，T2为排名第2~4位的《林业科学研究》《北京林业大学学报》和《南京林业大学学报》，T3为排名第5位以后的7种期刊。

5-11 11种林业科学类期刊NSC-IF5比较

序号	期刊名称	NSC-IF5				差异显著性	
		2014	2015	2016	均值	5%	1%
1	林业科学	0.673	0.776	0.666	0.705	a	A
2	林业科学研究	0.518	0.598	0.540	0.552	b	B
3	北京林业大学学报	0.556	0.569	0.482	0.536	b	B
4	南京林业大学学报（自然科学版）	0.357	0.411	0.388	0.385	c	C
5	世界林业研究	0.363	0.331	0.257	0.317	d	D

（续表）

序号	期刊名称	NSC-IF5				差异显著性	
		2014	2015	2016	均值	5%	1%
6	东北林业大学学报	0.290	0.336	0.295	0.307	d	D
7	中南林业科技大学学报	0.270	0.311	0.275	0.285	de	D
8	林产化学与工业	0.278	0.306	0.248	0.277	de	D
9	西北林学院学报	0.264	0.252	0.237	0.251	e	D
10	西南林业大学学报	0.238	0.238	0.259	0.245	e	D
11	林业工程学报	0.151	0.166	0.150	0.156	f	E
	林业科学类期刊	0.360	0.390	0.345	0.365		

6. 畜牧与动物医学类期刊

统计结果显示（表5-12），2014—2016年，10种畜牧与动物医学类期刊的3年平均NSC-IF5值为0.377，且各刊之间的NSC-IF5值差异明显。NSC-IF5值居第1位的是《草业学报》（0.963），与排名第2名以后的9种期刊差异达极显著水平（$p<0.01$）；排名前4位的期刊之间NSC-IF5差异极显著，且与排名在第5位之后6种期刊差异也达极显著水平（$p<0.01$）。据此，可以把10种期刊分为T1、T2和T3个区，T1为《草业学报》，T2为排名第2~4位的《草地学报》《中国草地学报》和《草业科学》，T3为排名第5位以后的6种期刊。

表5-12 10种畜牧与动物医学类期刊NSC-IF5比较

序号	期刊名称	NSC-IF5				差异显著性	
		2014	2015	2016	均值	5%	1%
1	草业学报	0.982	0.965	0.941	0.963	a	A
2	草地学报	0.596	0.744	0.669	0.670	b	B
3	中国草地学报	0.523	0.560	0.591	0.558	c	C
4	草业科学	0.380	0.397	0.444	0.407	d	D
5	动物营养学报	0.276	0.301	0.258	0.278	e	E
6	畜牧兽医学报	0.253	0.269	0.218	0.247	e	E
7	草原与草坪	0.247	0.248	0.209	0.235	e	E

（续表）

序号	期刊名称	NSC-IF5				差异显著性	
		2014	2015	2016	均值	5%	1%
8	中国预防兽医学报	0.137	0.167	0.155	0.153	f	F
9	中国兽医科学	0.131	0.169	0.122	0.141	f	F
10	中国兽医学报	0.111	0.118	0.117	0.115	f	F
	畜牧与动物医学类期刊	0.364	0.394	0.372	0.377		

7. 水产科学类期刊

统计结果显示（表5-13），2014—2016年，11种水产科学类期刊的3年平均NSC-IF5值为0.469。NSC-IF5值居前3位的分别是《中国水产科学》（0.737）、《水产学报》（0.720）和《南方水产科学》（0.694），3种期刊之间NSC-IF5差异不显著（$p>0.05$），但均与排名4位之后的期刊差异极显著，排名第4~6位间的3种期刊NSC-IF5差异不显著（$p>0.05$）。据此，可以把11种期刊分为T1、T2和T3个区，T1为《中国水产科学》《水产学报》和《南方水产科学》，T2为排名第4~6位3种期刊，T3为排名第7~11位的5种期刊。

表5-13　11种水产科学类期刊NSC-IF5比较

序号	期刊名称	NSC-IF5				差异显著性	
		2014	2015	2016	均值	5%	1%
1	中国水产科学	0.698	0.775	0.737	0.737	a	A
2	水产学报	0.674	0.787	0.700	0.720	a	A
3	南方水产科学	0.616	0.791	0.676	0.694	a	A
4	海洋渔业	0.489	0.428	0.499	0.472	b	B
5	渔业科学进展	0.498	0.470	0.408	0.459	bc	B
6	上海海洋大学学报	0.463	0.420	0.378	0.420	bcd	BC
7	大连海洋大学学报	0.363	0.443	0.326	0.377	cde	BCD
8	淡水渔业	0.374	0.428	0.292	0.365	def	BCD
9	水产科学	0.368	0.343	0.293	0.335	def	CD
10	中国海洋大学学报（自然科学版）	0.335	0.334	0.224	0.298	ef	D

(续表)

序号	期刊名称	NSC-IF5				差异显著性	
		2014	2015	2016	均值	5%	1%
11	渔业现代化	0.345	0.285	0.225	0.285	f	D
	水产科学类期刊	0.475	0.500	0.433	0.469		

（三）不同学科类期刊影响因子比较

表5-14结果显示，各专业类别期刊中3年平均NSC-IF5值最高的是农业基础科学类（0.710），与其他6类期刊差异达极显著水平（$p<0.01$）；其次为水产科学期刊（0.469）和农艺学期刊（0.458），两者间差异不显著，而显著高于植物保护、畜牧与动物医学类、林业科学和综合性农业科学类；综合性农业科学类的NSC-IF5最低，与其他6个学科分类的期刊差异达显著水平（$p<0.05$），说明农业专业性期刊的IF值显著高于综合性农业科学类。

表5-14 不同学科类期刊NSC-IF5比较

学科	NSC-IF5				差异显著性	
	2014	2015	2016	均值	5%	1%
农业基础科学	0.654	0.753	0.722	0.710	a	A
水产科学	0.475	0.500	0.433	0.469	b	B
农艺学	0.435	0.518	0.420	0.458	b	B
植物保护	0.365	0.428	0.377	0.390	c	C
畜牧与动物医学	0.364	0.394	0.372	0.377	c	CD
林业科学	0.360	0.390	0.345	0.365	c	CD
综合性农业科学	0.314	0.345	0.309	0.323	d	D
合计平均	0.408	0.458	0.408	0.424		

三、研究思考与建议

（一）我国农业科学类CSCD源期刊NSC-IF5总体上趋于稳定

截至2019年，我国农业科技期刊共计551种，入选CSCD的中文刊共有 105 种，这 105 种期刊是我国农业科学类的重要学术期刊，反映了我国农业科学研究的发展水平。统计结果表明，我国农业科学类重要学术期刊 2014—2016 年的 5 年他引影响因子总体上趋于稳定，2014—2016 年的 NSC-IF5 分别为 0.408、0.458 和 0.408，与已有报道的科技期刊影响因子一般呈逐年上升的趋势不同，说明 NSC-IF5 是一个更为稳定的文献计量学招标。

（二）NSC-IF5 是评估期刊学术影响力的重要指标

105 种农业科学类 CSCD 源刊 2014—2016 年 NSC-IF5 超过 1.0 的期刊有 4 种，分别为《植物营养与肥料学报》《土壤学报》《作物学报》和《中国农业科学》，而这 4 种学术期刊也是 105 种农业类 CSCD 源刊中仅有的入选中国科技期刊"卓越行动计划"的期刊，显示 NSC-IF5 在一定程度上可以反映期刊的总体学术影响力。

（三）高影响力的中文版农业科技期刊数量偏少

从图 5-7 的 105 种期刊 NSC-IF5 聚集度分布看，NSC-IF5 大于 0.6 的期刊仅有 17 种，占 16.19%；NSC-IF5 超过均值（0.424）的有 39 种，只占总数的 37.14%，NSC-IF5≤0.3 的期刊多达 39 种，反映出我国农业类中文科技期刊学术影响力差距很大，存在发展上的不平衡，高影响力的期刊偏少。

（四）不同专业学科期刊影响因子差异明显

从文献计量学角度看，农业专业性期刊中农业基础科学、水产科学和农艺学期刊的 NSC-IF5 排名居前，反映出这 3 个学科具有相对较强的优势，受同行关注度较高。尤其是农业资源与环境学科，该学科期刊 NSC-IF5 不仅极显著高于其他学科期刊，且有 2 种期刊 IF 均值大于 1，反映出该学科受同行关注度高，学科优势明显，这与当前农业环境保护、土壤环境健康、施肥与农产品质量安全等成为研究热点有密切关系。

（五）*LSR* 法可应用于期刊影响因子的差异性分析

对学术期刊影响因子的比较，已有报道较多的是采用按数值高低划分不同的区域（何荣利 等，2006；程春燕 等，2016），这种方法比较直观，但难以比较同一类别不同期刊或不同类别期刊之间影响因子差异是否存在显著性，为此引入数理统计方法，利用 DPS 数据处理系统对连续 3 年的 NSC-IF5 进行 *LSR* 法多重比较，以期客观反映期刊 IF 值的差异水平。数理统计结果与期刊实际情况基本符合，因此 *LSR* 法可应用于期刊影响因子的差异显著性比较分析。

参考文献

程春燕，等，2016. 中国 SCI 期刊影响因子分区的影响因素研究 [J]. 西南民族大学学报（人文社科版），37（10）：228-232.

耿艳辉，2014. 影响因子的局限性研究综述 [J]. 中国科技期刊研究，25（8）：1 052-1 056.

关鉴航，2010. "核心期刊"衍生学术评价功能引发的思考 [J]. 中国劳动关系学院学报，24（1）：116-121.

何荣利，等，2006. 我国科技期刊影响因子分布情况的调查与分析. 中国科技期刊研究，17（2）：224-227.

刘筱敏，2010. 期刊论文数量与期刊自引关系分析 [J]. 中国科技期刊研究，21（2）：148-150.

刘雪立，2014. 10 种国际权威科技期刊影响因子构成特征及其启示 [J]. 编辑学报，26（3）：296-300.

马峥，等，2015. "中国科技期刊综合评价总分"的定义与应用 [J]. 编辑学报，27（6）：519-521.

钱澄，2015. 影响因子与期刊评价 [J]. 科技与出版（11）：111-113.

王娟，等，2012. JCR 5 年期影响因子实证分析 [J]. 图书情报工作，56（4）：143-147.

翁志辉，等，2017. 科技期刊不同来源影响因子比较研究——以 34 种综合性农业科学类核心期刊为例 [J]. 情报杂志，36（3）：202-207.

翁志辉，2007. 我国农学类统计源期刊影响因子比较研究 [J]. 中国科技期刊研究，18（3）：407-411.

熊水斌，等，2015. 我国科技期刊引证指标数据库的对比分析与评价 [J]. 中国科技期刊研究，26（2）：198-204.

俞立平，等，2009. 学术期刊评价指标选取若干问题的思考 [J]. 情报杂志，28（3）：75-77.

张玉华，等，2005. 科技期刊自引情况的国际对比研究 [J]. 编辑学报，17（1）：74-78.

赵星，2010. JCR 五年期影响因子探析 [J]. 中国图书馆学报，36（3）：120-126.

Archambault E, Lariviere V, 2009. History of the journal impact factor contingencies and consequences [J]. *Scientometrics*, 79 (3): 635-649.

Campanario JM, 2011. Empirical study of journal impact factors obtained using the classical two-year citation window versus a five-year citation window [J]. *Scientometrics*, 87 (1): 189-204.

第六章 农业科技期刊数字化[①]

第一节 我国科技期刊集群数字化建设现状

进入21世纪以来,各国高度重视数字化出版产业的发展,依托高新技术推动传统出版与数字出版的深度融合,成为传媒业发展的主旋律。当前,网络和数字技术发展日新月异,带来媒体格局的深刻变革和舆论生态的重大变化,新兴媒体发展之快、覆盖之广超乎想象(邱振邦,2014)。智能手机、平板电脑等手持移动终端已广泛普及,大数据、云计算、人工智能时代已全面来临。信息技术的高速发展及其对出版领域的渗透,对传统媒体既形成极大的挑战,更带来了全新的创新发展机遇。国际出版行业早已完成融合出版的转型升级,涌现出一些世界领先的大型出版集团。因此,我国推动传统媒体和新兴媒体的整合发展刻不容缓,必须跟上时代发展步伐,加快媒体数字化、集群化发展进程,走向融合发展时代。

2014年8月18日,中央全面深化改革领导小组第四次会议审议通过了《关于推动传统媒体和新兴媒体融合发展的指导意见》(以下简称《意见》),习近平总书记在主持会议时强调,推动传统媒体和新兴媒体融合发展,要坚持传统媒体和新兴媒体优势互补、一体发展,坚持先进技术为支撑、内容建设为根本,推动传统媒体和新兴媒体在内容、渠道、平台、经营、管理等方面的深度融合。《意见》是关于媒体融合标志性的里程碑文件,是我国关于媒体融合发展的顶层设计,媒体融合规划正式上升为国家战略。9月19日中办、国办印发了《意见》全文,对如何推动媒体融合发展提出了明确要求,做出了具体部署。2015年3月31日,国家新闻出版广电总局、财政部发布了《关于推动传统出版和新兴出版融合发展的指导意见》,要求深入贯彻中办、国办《意见》,创新采编流程,优化信息服务,

---

[①] 本章内容得到福建省科技计划公益类项目"福建省农业科技期刊集群数字化系统构建与应用"(2016R1015-1)和"基于XML的农业学术论文数字生产与传播云平台建设"(2020R1033002)资助

赢得发展优势。

科技期刊既是传统媒体的一种形态，也是科技创新的重要平台，科技期刊是科研成果和科学知识的重要传播载体，直接体现国家科技竞争力和文化软实力。新时期科学研究对科技期刊信息传播能力的需求不断提高。从科技期刊的内容特征、表现形式、受众群体、传播方式看，科技期刊融合出版与大众传媒融合发展在诸多方面有明显的不同，如集群化网络传播、无纸化数字生产、一体化出版模式、碎片化呈现方式、平台化知识挖掘、社交化增值服务。2015年11月3日，国家五部委联合发文《关于准确把握科技期刊在学术评价中作用的若干意见》，指出要"加强科技期刊在学术传播中的主导作用，要积极应用新技术、新媒体、新手段，强化科技期刊数字出版和网络传播，探索新型出版方式，推动传统出版和新兴出版融合发展，提高对科研成果与信息的传播质量和传播效率"。2019年8月19日，为贯彻落实中央深改委关于"培育世界一流科技期刊"指示精神，中国科协、中宣部、教育部、科技部联合发布《关于深化改革培育世界一流科技期刊的意见》，提出了"实现科技期刊数字化转型，推进集群化并加快向集团化转变"的发展目标和"建设数字化知识服务平台，集论文采集、编辑加工、出版传播于一体，探索论文网络首发、增强数字出版、数据出版、全媒体一体化出版等新型出版模式，提供高效精准知识服务，推动科技期刊数字化转型升级"的重点任务。因此，科技期刊如何从纸质出版到数字出版、从网络传播到知识服务、从信息发布平台到科研支撑平台的转型，传统科技期刊与新媒体如何进行有效的对接与融合，是科技期刊发展的必然要求与方向，是培育建设世界一流期刊的重要内容。

科技期刊的数字化建设是实现融合出版的关键步骤。近年来，我国科技期刊纷纷建立和完善其数字出版和交流平台，以数字形式开始对其知识资源进行传播和发布，不仅如此，涉及期刊发布、生产、管理、营销等传统期刊出版过程中的各个环节，均已开始以数字化、网络化、实时化的方式，为读者、作者群提供了内容丰富、形式多样的数字期刊。

一、我国科技期刊数字平台构建的主要内容

科技期刊出版全程包括生产、传播和效用3个层面，科技期刊数字化平台也相应包括了内容生产、发布传播与增强出版三类平台。

（一）内容生产平台

包括采编系统和数字排版生产系统。采编系统又称投审稿系统，是科技

期刊最为基础的网络平台。主要包括在线投稿、在线审稿等稿件管理功能。目前技术较成熟、功能较完善的期刊网络采编系统软件，国内主要有玛格泰克稿件远程处理系统 Journal X（北京玛格泰克科技发展有限公司）、勤云稿件处理系统（北京勤云科技发展有限公司）、三才期刊采编系统（西安知先信息技术有限公司）和腾云期刊协同采编系统（清华同方知网）4 家，以及科学出版社的 SciCloud 云服务科技期刊投审稿系统，国外主要有 ScholarOne Manuscripts、EES、Editorial Manager 等。数字生产平台，国内主要有北京仁和汇智信息技术有限公司的 XML 一体化生产云平台、北大方正集团有限公司的方正 XML。

（二）发布传播平台

一是网刊发布系统，一般以自主 OA 形式全文免费开放，以及通过第三方平台（知网、万方、超星、维普、龙源等）传播。基于碎片化的 XML 格式，可以实现选章节、选图及查阅参考文献等碎片化阅读，满足了当前读者多样化的阅读需求，为读者提供更加贴心的阅读和体验服务。随着移动设备阅读的普及，网刊网页还应能适应在手机、平板电脑等移动设备上阅读。二是微信公众号、微博、APP、短视频、头条等新媒体。近年来，自媒体平台成为科技期刊推广、学术成果传播的重要途径，其以受众广、传播快、操作简单等优势迅速占领传媒领域的高地。目前，微信注册用户已超过 8 亿人，利用微信公众平台，科技期刊可提供全文浏览、过刊浏览、文章检索、期刊介绍、行业热点推送等服务，提高科技期刊文章的显示度和引用率（王晴 等，2019）。

（三）增强出版平台

一是优先出版（网络首发）。数字优先出版的特点是"快"，稿件录用版优先在网上发布，节省了排队上稿、排版和印刷时间，可以缩短文章的发表周期，加快文章的更新速度，因此可以很好地弥补发表周期长的天然短板（朱亚娜，2018）。二是知识服务。包括 OSID 服务、AMiner 推送服务、AR 增强出版、学术衍生品开发和社交媒体服务等。其中"OSID 开放科学计划"借助 SAYS（Scientist at Your System）系统工具，以全媒体思维打造"现代纸刊"，在 SAYS 平台上实现文字、图像、音频、视频等多种媒体表现手段，使期刊除了呈现单篇论文图文内容与知识外，还可以同时提供与文章相关的更多附加服务与资源，包括语音介绍、开放内容数据、在线问答、学术交流圈、视频直播等（李婷 等，2018）。科技情报大数据挖掘与服务系统平台 AMiner 是由清华大学计算机科学与技术系教授唐杰率领团队建立的，具有完全自主知识产权的新一代科技情报分析与挖掘平台，AMiner 平台以科研人员、科技文献、学术活动三大类数据为基础，构建三者之间的关联关系，深入分析挖掘，面向全球科研机构及相关工作人员，提供学者、论文文献等学术信息资源检索以及面向科技文献、专利和科技新闻的语义搜索、语义分析、成果评价等知识服务。

二、我国科技期刊集群发展的主要模式

当前，我国科技期刊集群发展的主要模式有 6 种：一是依托主管主办单位的集群模式。如以中国科协所属学会为主办单位的科技期刊，以研究院所、高等院校、有关政府部门作为主办单位根据其各自专业特色所形成的科技期刊群。二是依托出版单位实行编营分离的模式。如中国科学院多种科技期刊委托科学出版社组成期刊集群，集中出版和运营；清华大学主办的 20 多种学术期刊通过清华大学出版社期刊出版中心形成期刊集群。三是依托学科分类突显专业特色的集群模式。如中华医学会以医学学科为依托，共聚集医学专业系列期刊 142 种。四是依托学科网络平台实行传播数字化模式。如中国光学期刊网、中国地学期刊网、材料期刊网、资源环境期刊集群平台等。五是大型商业刊群集成模式。如中国知网、万方数据库等，汇集我国近万种期刊，按学科分类集群展示。六是依托品牌期刊集群模式。如《中国科学》杂志社依托《中国科学》核心刊物，培育出包括《中国科学》系列、《科学通报》和《国家科学评论》在内的 19 种中英文学术期刊。

与西方发达国家相比，我国科技期刊集群化程度总体上不够高，一个重要原因是我国计划经济时代形成的特殊审批制度，刊号资源有限，期刊主办单位过于分散，全国近 5 000 种科技期刊共有 1 000 多个主管单位、3 000 多个主办单位，加上各主办单位和出版单位的体制机制各异，因此很难形成一定数量规模的刊群。为了加快我国科技期刊集群化建设步伐，当前必须多管齐下，寻找出一条行之有效的集团化、集群化、集约化优质路径，通过做大做强科技期刊阵营，增强其核心竞争力，更好地服务于我国科技强国建设（黄崇亚 等，2019）。

三、我国科技期刊集群数字化建设现状

根据中国科协 2018 年对北京、上海等 900 多家科技期刊的问卷调查①，在期刊集群发展模式方面，79.96%的期刊借助中国知网、万方数据、世纪超星等成熟的大型商业平台发展期刊网络化、数字化，有 37.75%的期刊加入了高校、科研院所、学会协会的期刊群网站。在内容呈现方式方面，有 91.09%的期刊拥有网站，70.41%的期刊开通了微信平台，有 8.91%的期刊建设或加入移动终端 APP。但是许多期刊的网站信息不全，全文数据不全或缺失，44.96%的期刊能提供摘要和全文 PDF，36.16%的期刊全文数据能适应手机、iPad 等不同的屏显，30.43%的期刊实现了 HTML 格式阅读，18.66%的期刊推送基于 XML 格式的全文数据以及图片、音视频等内容。在内容生产方式方面，有 91.62%的期刊实现了在线投稿，但只有 10.28%的中文版期刊使用了在线协同排版。在网络传播方面，据相关机构对农业类中文核心期刊的调查，开展 OA 全文传播的农业类中文核心期刊 76 种，占该类期刊总数的 54%，有 50%的核心期刊借助 CNKI 实现了在线优先出版（李树霞，2013）。

四、我国科技集群数字化建设存在的主要问题

从上述的调查结果可看出，我国科技期刊不同程度开展期刊集群与数字化建设，大多数期刊以加盟第三方大型商业数据库网站或自建期刊官网的形式推进数字化建设，实现在线投审稿。但很少期刊能够实现从内容生产到数据传播的全程数字化，尤其是在内容生产环节，实现在线数字排版的期刊仅为 10%，而这其中还包括还依托国外大型学术出版"借船出海"的国内 SCI 期刊，真正实现在线生产的中文版期刊仅为百余家。在数字传播方面，基于碎片化的 XML 结构式全文推送，也仅有 30%的期刊能够做到。上述调查来源还只限于我国重要科技期刊集中地京沪地区，实际上我国地方性科技期刊数字化建设的比例与水平更低。总体上，我国科技期刊的融合出版仍处于初级阶段。

当前我国科技期刊集群数字化发展存在的主要问题如下。

---

① 中国科学技术协会. 中国科技期刊发展蓝皮书（2018）[M]. 北京：科学出版社，2018

（一）数字化发展存在区域间、个刊间的不平衡

全国性科技期刊、重点高校期刊、核心期刊、英文版期刊的数字化发展较快，数字出版与传播功能比较齐全，但地方性期刊、普通院校科技期刊、非核心期刊的数字化发展步伐明显滞后。

（二）一些期刊网站存在网络安全隐患

近年来，随着有关部门不断加强网络安全的监管，科技期刊的网络安全隐患问题凸显。主要有：①准入审批安全问题。由于域名备案涉及主办单位的主体责任，许多科技期刊域名未能通过备案，导致期刊自有网站关闭，不得不委托第三方进行服务器托管。②服务器安全问题。期刊数据存储物理服务器的防火墙、操作系统、软件系统、备份系统、虚拟镜像等，经网安检测存在安全漏洞，或者期刊主办单位的网络系统未通过网络安全等级保护测评。③管理机制问题。许多期刊缺乏熟悉网络安全的专业人员，期刊负责人在网络安全管理上认识不到位，期刊出版单位缺乏网络安全制度建设。

（三）许多期刊数字化成熟度差、传播功能单一

多数期刊仅具备简单的前端稿件处理过程数字化，比如仅具备在线投审稿和网络发布摘要及PDF全文上传，功能更完备、界面更友好、更为开放的投审编修协同工作平台尚未得到广泛应用。在数字生产环节，在线生产全流程数字化仍为我国科技期刊的短板，主要问题是适合规模化数字出版的成熟解决方案尚未形成，与英文版期刊比较，中文版期刊的编排更为复杂，由于存在碎片化程度不一，仍需要大量的人工操作干涉。

（四）知识传播的精准化程度低

由于多数科技期刊缺乏强有力的技术支撑，仍依赖知网、万方、超星或国际出版商等数据平台进行传播，不能很好地支持用户对知识服务的个性化需求，所提供服务的精准化程度还较低，双向互动式传播、根据算法向特定用户精准推送信息等功能尚未实现，媒体融合进展和成效迟缓。

（五）刊群数量太少，传播效能不足

从期刊群到产品群集团化是发达国家期刊出版的发展趋势。国外出版机构与专业协会或科研院所合作出版的情况十分普遍，一些大型商业出版集团呈现出频频与国际非营利机构合作出版的趋势；各种类型出版机构的期刊出版模式都经历了从"单刊"到"刊群"的发展过程（蒋凯彪 等，2016）。商业出版机构与专业协会、科研教育机构合作，提高了期刊集团的权威性。

如爱思唯尔出版的期刊超过 2 500 种，其核心产品 Science Direct 是世界上最大的科学、技术和医学文献数据库，包含了全球 26% 的文献，1 100 万篇全文文献均可在线访问。近年来，虽然我国科技期刊出版界在集群化发展方面做了很多尝试和探索，试行了多种集群化方式，然而，由于受传统办刊体制机制的约束，我国科技期刊的集群化程度依然偏低，集群化发展水平仍处于探索阶段。以我国科技期刊集群化程度最高的两家机构为例，中华医学会杂志社本部自主出版期刊 20 多种，集群期刊 140 多种，中国科技出版传媒集团本部自主出版期刊 19 种，加盟出版期刊 300 多种，但这两家机构加盟的期刊仍为松散形式。我国科技期刊从集群化到集团化，仍需要相当长的发展路程。

第二节　农业科技期刊数字化系统构建实践

为适应互联网+时代期刊发展的需要，笔者承担了福建省科技计划公益类项目（2016R1015-1、2020R1033002），选择《福建农业学报》等 7 种福建省农业科技期刊进行整合（预留入口为其他 12 种福建省农业科技期刊加盟集），构建基于 PC 端和移动端的福建省农业科技期刊集群数字化系统，主要包括虚拟远程采编办公与采编系统、网刊传播系统、微信系统等，以《福建农业学报》为试点构建 XML 数字生产一体化云平台，实现基于 XML 的全文在线即时优先出版，并开展 EmailAlert、OSID 和 Aminer 等知识服务。通过该系统的建设，实现农业科技期刊内容形式、编辑出版、传播手段和管理能力的全面升级，提高了农业科技成果的传播质量和传播效率，项目获得 2020 年华东地区科学技术情报成果三等奖。

一、存储空间与网络安全管理

（一）存储空间

期刊的服务器采用阿里云服务器，高效云盘 2000GIB，专有网络，固定带宽 10MBPS，服务器的空间安全管理由阿里网络公司负责，服务器维护、软件安全和定期备份由北京仁和汇智信息技术有限公司承担。云服务器 24 小时运行不间断。系统拥有一级域名 www.fjnyxb.cn，完成域名解析，并通过工信部 ICP 备案。

系统架构在阿里公司的云平台（云服务器）上，有如下优点：一是安全性高,阿里云平台通过了多方国际安全认证,实力强大的阿里巴巴公司为云平台提供安全维护保障;二是访问速度快,采用高效云盘,专有空间,带宽足;三是具有近乎100%的稳定性,能定时自动备份,可长年运行不间断,有效避免了常规物理服务器因节假日或维护期间关停给期刊网站运行带来的不利影响。

(二) 网络安全

硬件安全方面:阿里云服务器免费提供 DDoS 防护、木马查杀、防暴力破解等服务,ECS 云盘支持数据加密功能。

软件安全方面:软件系统安全性高,通过第三方网络安全测评机构测评,达到一级网络信息安全等级标准。同时兼具:①增加反射型 XSS 攻击防御;②防止账户横向越权;③增强上传拦截;④禁止弱口令;⑤防止账户纵向越权;⑥防止密码爆破可能;⑦防止 SQL 注入;⑧增加存储型 XSS 攻击防御;⑨防止遍历数据泄露,禁止不安全 HTTP 方法的启用;⑩对各种信息发布,自动过滤垃圾代码;提供网站的访问控制功能,避免恶意批量下载。

二、采编系统优化

采用北京玛格泰克科技发展有限公司的稿件远程处理系统 Journal X 2.0 升级版,并根据《福建农业学报》的编辑出版特点进行若干技术与功能方面的个性化修改与优化。

1. 作者中心

作者用户主界面响应速度快,具有密码强度限制,密码输错多次,账号锁定功能,重复登录限制,作者中心具 ORCID 接口。作者在此平台可以根据需要随时登录编辑部网站进行自助式投稿,包括向导式、列表式和智能投稿三种方式,投稿过程设置了学术诚信提醒,以强化作者的学术诚信意识,作者需要明确文稿为原创性,数据真实,署名排序无不当,无抄袭、一稿多投等行为后方可进入下一流程。作者可以实时查询自己稿件的处理进度(图 6-1),可以方便地与编辑部就稿件情况进行沟通,进行内部通讯等等。所有作者信息进入数据库,并且所有相关作者均可以查询与自己相关的稿件信息。系统保证作者信息的唯一性,且能自动禁止作者一稿多投。

2. 审稿中心

专家既可以通过网站登录审稿,也可以通过 E-mail 点击直接进行审

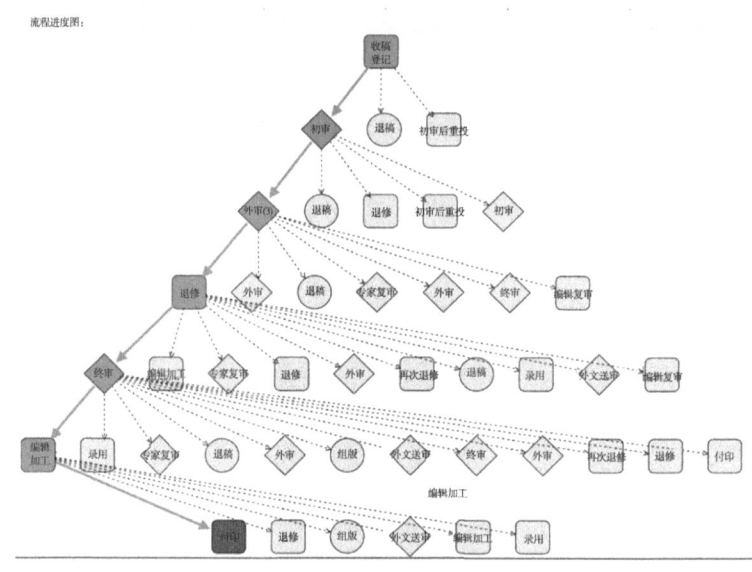

图 6-1 稿件处理进度查询

稿。专家（审稿人）可完全在线实现对稿件的同行评议。同时，为方便审稿人，系统支持从 E-mail 中直接点击进入审稿，并把审稿结果自动存入数据库，并确保系统的安全性。系统还具备一个账号多重身份的功能，专家只需要一个账号就可以在作者和审稿人两重身份间切换，不需要退出重新登录等复杂操作。

编辑部为了最大限度地方便审稿专家审稿，在网络审稿方案在设计了 3 种方式（图 6-2），通过发送"审稿邀请函"供审稿专家选择：一是提供给审稿人一种不需要输入用户名和密码的审稿页面链接，直接审稿在线提交（图 6-3）；二是输入账号和密码登录进入审稿系统在线审稿；三是直接下载电子邮件附件中的审稿单和稿件，不需要进入系统或页面链接，审后以电子邮件方式发回。这种多项选择的做法，极大方便了审稿专家，稿件审回率也都比较高。

3. 编辑中心

编辑中心提供了一个基于权限控制的信息资源共享平台，编辑部可以通过权限的控制给各编辑进行分工，各司其职，同时能够实现资源共享，协同办公。编辑中心能够实现稿件的自动收发、登记，指派责任编辑，指派外审，核算费用，定时邮件提醒，定时邮件催审。编辑中心具"查看驳回重

《福建农业学报》稿件送审邀请函

尊敬的苏老师:

您好! 现送上稿件一篇, 敬请您能在百忙中拔冗协助审理.

本刊是由福建省农业科学院主办的综合性农业学术期刊, 主要报道农业与生物学及其相关领域具有较好学术水平和应用价值的研究论文、综述, 系北大中文核心期刊（2017年版）、CSCD来源期刊（2019-2020）.

如蒙同意审评, 敬请于2020-12-09内审回.

稿号: 2020112401　　收稿日期: 2020-11-24

题目: **黏质沙雷氏菌灵菌红素合成基因簇异源表达及其潜在的温度调控机制**

如您现在开始审理, 有3种方式可供选择（请任选其中之一）:

1. 请点击"**立即审稿**", 此功能不需要您登录本刊审稿系统, 而直接下载全文, 并填写审稿意见, 审毕直接提交.
2. 进入本刊网站: www.fjnyxb.cn, 登录"专家审稿"系统在线审稿.
   您的用户名: ········　　口令: ········　. 您的个人信息, 以及用户名和密码, 可以在登录系统后自行修改.
3. 直接下载本邮箱附件中的稿件和审稿单, 审毕请填好审稿单, 连同修订的稿件（如果有）, 一并用E-mail发回本邮箱（fjnyxb@163.com）.

审毕本刊将酌致审费（150元/篇次）

如果您因工作忙, 或因本文涉及的研究领域不熟悉, 可不同意受理审稿, 请点击"**我不接收审稿邀请**", 或者用邮件直接回复.

非常感谢您对《福建农业学报》的大力支持!

《福建农业学报》编辑部

2020-11-24

图 6-2　专家审稿方式选择

专家审稿单	研究意义（研究目的是否明确, 研究结果的理论与应用价值如何）	◉ 优 ○ 良 ○ 中 ○ 较差 ○ 没有意义
	创新性（是否有新的发现, 或在前人基础上有更深入的研究）	○ 国际先进 ◉ 国内领先 ○ 国内先进 ○ 一般 ○ 较差
	科学性（试验设计是否科学, 论证分析是否合理, 结果结论是否可靠）	○ 好 ◉ 较好 ○ 一般 ○ 较差 ○ 差
	写作质量（文字表达水平, 术语、图表、文献的规范性）	☐ 简明通顺 ☑ 需精简修改 ☐ 图表不规范 ☐ 缺少重要文献
	论文总体学术水平评价（请以10分制给出评分）	○ 高 ◉ 较高 ○ 一般 ○ 较低 ○ 低 ☐ 总体评分
	对文章处理建议	○ 发表 ◉ 修改后发表 ○ 修改后再审 ○ 改投他刊 ○ 退稿
	审稿人信息（本刊实行双匿名审稿, 您的信息对作者严格保密）	工作单位 福建农林大学农学院　专业领域 生态学, 作物学　职称 研究员　学位 博士
	审稿费发放（请任选其一。如未选, 将邮汇至您的工作单位。如之前已填过则不必再填）	邮局汇款　详细地址（20字以内）　邮编 银行转账　开户行 中国农业银行福州立诚支行　账号 **********************
	评价与修改的具体意见（请在下方"给编辑部的具体意见"中逐一填写, 或在送审稿中批注）	1.稿件的学术水平和应用价值评价。 2.稿中有无不妥之处, 请说明理由, 并提出具体修改意见。 3.文字、术语、图表和文献引用是否规范准确, 请提出具体修改建议。

图 6-3　专家在线审单格式设计

投稿件”、显示“全部相关邮件”、导入评审意见、审稿专家审稿情况统计、人员修改记录、非法登陆获知等功能；专家中心具已审稿件列表新增检索功能；编委中心具补发送审邮件、设置最大审稿人数及将超时外审标记为缺省等功能；系统能自动记录稿件/人员删除等敏感操作。编辑中心后台自动形成各种作者、专家信息数据文本，自动形成各种分类汇总表格，自动组版，自动生成打印地址标签。手工安排刊期、打包下载、生成期刊目录、生成索引、发布网刊,作者通过系统填写发票信息等等;并且主编和编辑部主任能随时查看稿件情况。

编辑部可以在此平台上完成从收稿到发稿的整个流程管理和流程监控,并为日常的业务提供在线的处理平台。包括:权限分配、来稿管理、稿件流程管理、邮件管理、文章管理、组版管理、费用管理、统计分析、人员管理。

4. 时滞控制

在前台,采编向作者提供"投稿指南",说明期刊稿件处理的流程内容和时滞控制;在后台,设置稿件处理流程各阶段的类别、衔接和时滞提醒。《福建农业学报》编辑部利用采编系统,合理调控稿件审理流程各阶段(图6-4),并在实践的基础提出了学术期刊审稿环节的优化方案(翁志辉 等,2016)。

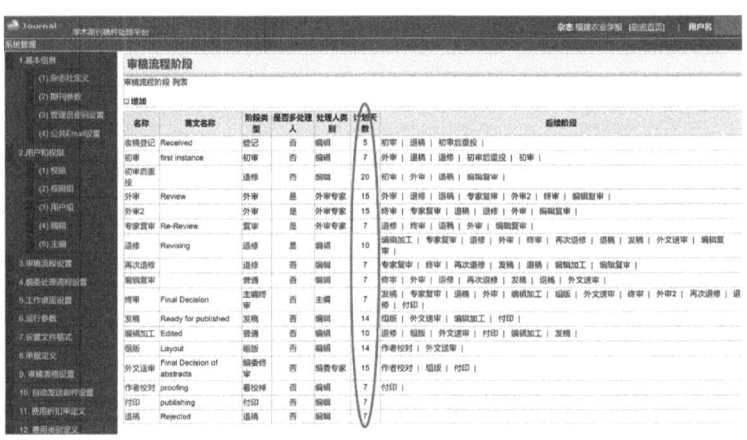

图6-4 审稿流程各阶段时滞控制

5. 建立作者和专家数据库

科技期刊作者群的规模和质量是反映期刊学术影响力的关键因素,打造和建立一支高水平作者队伍是实现期刊发展的根本保障。拓展更多的优质作者群,是科技期刊策划与选题的重要手段。科技期刊可以借助期刊采编平台和专业数据库,收集统计分析作者群体,从而开展针对性的约稿,进而提升期刊的质量水平。另一方面,审稿专家同时也是潜在的优秀作者,专家在网审返回稿件时,也经常会推荐一些稿件。《福建农业学报》已建立起一个庞大的作者群,截至2020年10月,共登记作者11 323位,并能利用采编系统的功能进行分类，以便于今后的进一步约稿。

采编系统可以支持基于机构、姓名、电子邮箱查找审稿人，并根据论文关键词、摘要实现审稿人的自动推荐，还可以查看评审历史记录、审稿率和审稿时效等，以及审稿人与待审稿件作者的单位隶属关系。通过采编系统，《福建农业学报》已建立了审稿专家数据库，截至 2020 年 10 月，合计共有 2 510 位审稿专家，并在持续动态更新中。

三、生产系统

（一） XML 一体化排版云平台构建与运行

基于 XML 结构化的在线排版，一直是我国科技期刊数字出版领域的短板，因此目前能够实现 XML 结构化在线排版的学术期刊寥寥无几，主要原因在于中文排版的形式要求与规范标准比英文复杂得多，尤其是图表、公式、符号的中英文混排，在一些关键的软件设计技术和关联的集成技术尚未有实质性的突破。北京仁和汇智信息技术有限公司依托自身强大的技术实力，以及 10 多年为上千家科技期刊提供数字产品与服务的经验基础，开发出基于 XML 在线排版一体化融合出版云平台，于国内首个推出面向学术期刊的 XML 数字出版一体化系统服务，实现学术期刊全程 XML 自动生产与发布，有效解决了数字化排版中难点问题，项目多次获得国家新闻出版署、中国出版协会、中国计算机学会等授予的众多奖项和荣誉。XML 数字出版一体化系统具有完整的排版生产流程环节记录，可以查找任意文章排版的当前进度以及历史过程，可以掌握任意文章的整体周期和当前进度周期。XML 平台完整流程见图 6-5。

《福建农业学报》自 2019 年 9 月起全面上线 XML 数字化编排系统（见图 6-6），明显提高了期刊的出版质量、出版效率和传播效果，正式运行 1 年多来，受到作者的普遍好评，从而实现了从采编到传播过程的无纸化数字出版全流程在线操作。

（二） XML 一体化排版云平台特色与优势

1. 编辑在线校改

编辑可进行在线修改校对，各阶段的内容修改痕迹记录均完整保存，可以任意调出查看；对于图表公式及样式修改支持文字批注与截图标注等方式。通过在线修改文稿后可实时生成 PDF，可直接在界面浏览，也可以网络版和印刷版的形式存储或输出，其中网络版 PDF 带有文献、图、表等内部

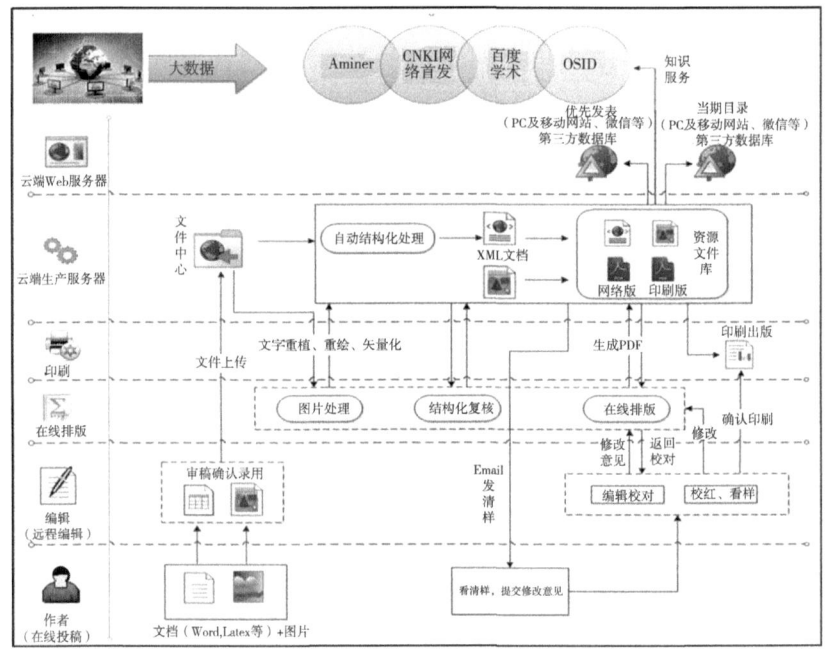

图 6-5 XML 平台完整流程

图 6-6 《福建农业学报》XML 一体化数字排版系统入口

链接,也可以带有 web url、email、doi 等外部链接(图 6-7)。系统自动实现目录索引,编辑可以将整期的文章发送到"预出版",并进行整期文章排序,根据排序结果自动生成各篇文章的起始页码和结束页码,同时自动更新全部 PDF 文件。

第六章 农业科技期刊数字化

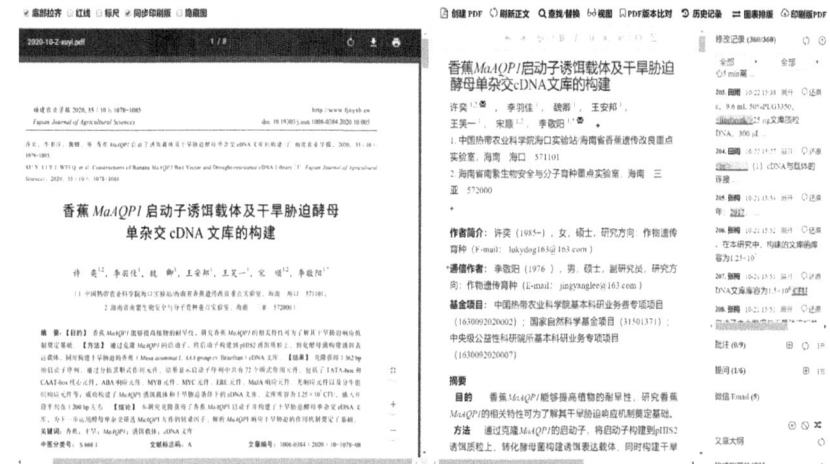

图6-7 XML在线校改、生成PDF和版本痕迹

2. 作者在线校对

可以设置给作者发清样邮件模板，并以单篇或整期为单位，一键完成向作者发送清样邮件（图6-8）。系统自动加载对应文章的PDF，以及根据邮件模板自动提取文章信息内容，包括在线修改地址、在线痕迹显示地址、在线预览地址等。同时可以自动核算论文处理费，自动向作者发送论文处理费通知。

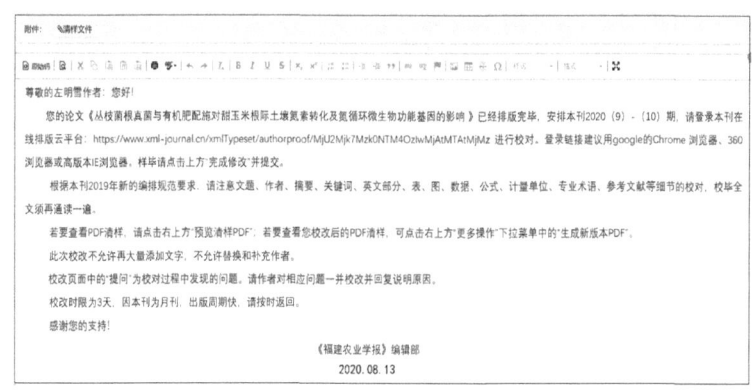

图6-8 向作者发送在线校对邮件

同时，在文章录用后的生产过程（录排、一校、二校、三校、核红、印刷等）中，系统可实时通过微信提示作者当前生产进度，作者可实时通过微信来查看 PDF 及 HTML 全文信息（图 6-9）。期刊出版后，系统可以向作者发送个人论文网络版发布后一个月内的点击量及下载量，通过微信对作者文章在网站上的表现情况进行统计分析推送（包括浏览次数、下载统计、来源分布等），并向作者推送同类关联文章。

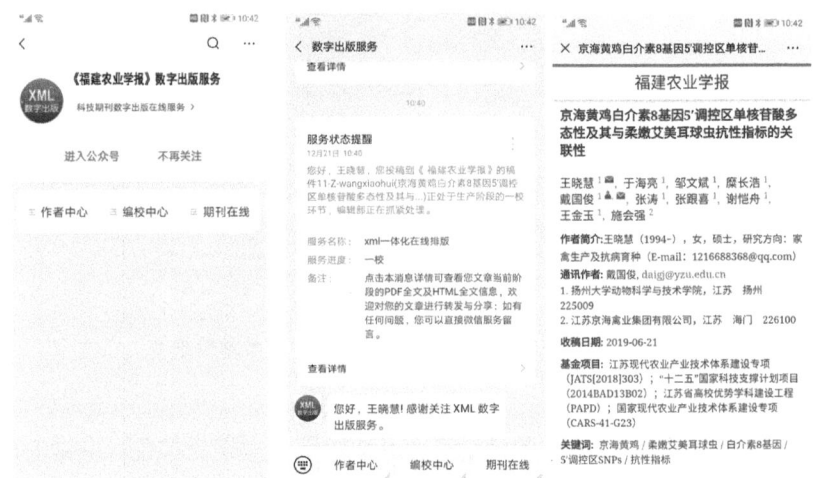

图 6-9　作者通过微信绑定实时查看文章生产进度

3. 一键网刊发布

系统集成网刊发布系统，实现最新录用、优先发表、当期目录等内容的一键发布，系统自动实现基本元数据、PDF 文件、XML/HTML 全文等多种格式内容的自动发布，并可支持与 pubmed、PMC、DOAJ、CrossRef、万方等等数据库的数据导出接口，方便数据网络发布推广与网络传播。系统可以对文章参考文献进行自动 DOI 查找，并关联到文章 XML 信息中，配合 PDF 模板支持在线生产的 PDF 文件中自动加载参考文献 DOI 显示。系统采用集中生产环境实现版本统一，并通过保留痕迹等加强质量提示；而对于后期网络信息发布内容，更因为随时导出准确的 XML 文件，大大减少了因数据转换或人工加工等带来的质量问题，确保了数据质量的可靠性。

4. 数据打包统计

系统可以在最新录用、预出版、已出版的任意阶段，下载打包 XML 文件、TIFF 原图文件、PDF 文件（网络版、印刷版），系统支持 pubmed XML 下载，支持 PMC 全文 XML 打包下载，支持其他包括 DOAJ、CrosseRef、万方 DOI 等等 XML 文件下载导出。系统可以统计单篇或整期文章的审稿周期、生产周期、栏目文章数、图数、表数、文献数、文章自引率等内容，系统通过自动的周期统计提示，帮助编辑部实现流程环节监控管理，把握生产周期，尤其是缩短后期网络内容维护周期，大大提高工作效率。

四、传播系统

（一）OA 网刊功能升级

科技期刊的网站传播系统，又称网刊系统，是科技期刊对外展示形象、发表电子版论文、实现开放存储（OA）传播的主平台。《福建农业学报》采用新一代网刊系统，该系统最大的优势是实现与 XML 在线排版系统的无缝对接，一键发布，优先出版，能在编辑部官网上即时发布包括文章的元数据信息、文章的 HTML 全文信息（可实现关联阅读及延伸阅读）、文章的 PDF 文件下载，以及文章的图表信息、文章的其他附件信息，并实现对文章的访问及下载情况监控，此外网页能适应手机、iPad 等移动设备阅读，并与微信公众号同步对接。

（二）XML 全文推送

可扩展标记语言（XML）是继超文本标记语言（HTML）之后新一代网络整合技术，是建立结构化文件和数据的通用格式。由于 PDF 文件并不描述文档内容的数据结构，所以不适合基于语义的查询，如需要大量浏览网上论文全文则速度慢（侯春彦 等，2014），而且从方正转化为 PDF 格式的数据在国外打开多是乱码。XML 以树状信息结构存储稿件的内容，向读者提供开放性、大信息量的阅读方式。学术期刊只有通过 XML 结构化转换，才是真正意义上的数字化出版。据统计，欧美等国家知名科技期刊多采用 XML 格式发布全文，至 2018 年底国内以 XML 格式发布论文全文的科技期刊还不到 1/3。《福建农业学报》自 2016 年起开通 XML 全文发布，2019 年实现自主在线发布（图 6-10）。

（三）访问量统计

新网刊具备完善的访问统计功能，能对作者文章的网络传播情况（包括浏览量、下载量、访问类别分布、访问地区分布）进行详细的统计分析（图 6-11）。

（四）微信公众号

构建期刊微信平台，能够实现期刊品牌资源增值，扩大期刊认知面和影

图 6-10 《福建农业学报》XML 结构化全文

响力（宋锦玉 等，2015）。利用微信的特点，采用微信将论文的重要结论、精华图片或全文相结合来出版推送，以提升期刊在作者和读者中的关注度，同时提高科技期刊的影响力；通过公众平台的推送功能，向特定的微信作者用户群体发送有效信息，还可以节省人力，提高沟通效率。

《福建农业学报》构建的微信公众号的主要功能内容包括：期刊微站——期刊简介，最新动态，期刊导航，联系方式。作者微栏——投稿指南，稿件查询，标准规范。读者微栏——当期目录，过刊浏览，论文检索，优先发表（图 6-12）。

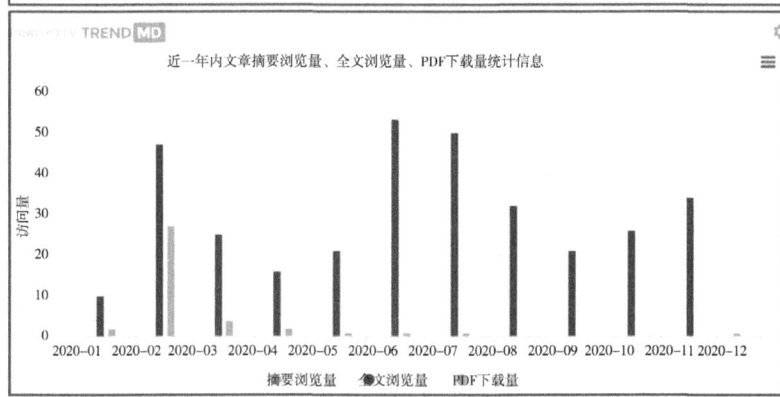

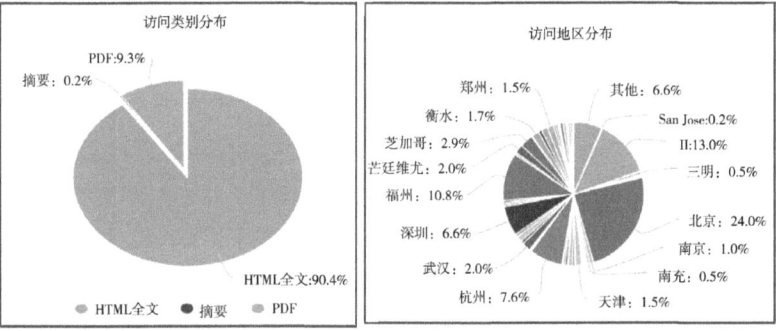

图 6-11　论文访问统计分析

图 6-12　微信二维码和公众号内容

五、增强出版系统

1. 优先出版

优先数字出版是指稿件在被期刊录用后、正式按期次成册印刷出版前，在网络、手机等媒体上以单篇或整期论文为单位提前发表。优先数字出版为作者研究成果首发权的及时确认提供了保障，而且可以大幅缩短论文发表时滞，加快科技成果的传播速度，增加论文的 Web 下载量，缩短论文引用周期，提高期刊的影响因子。《福建农业学报》分别在 OA 网站和 CNKI 上线了优先出版和网络首发功能（图 6-13）。

2. Aminer 学术推广

AMiner 平台由清华大学计算机系研发，拥有我国完全自主知识产权。系统 2006 年上线吸引了全球 220 个国家和地区的 800 多万次独立 IP 访问，数据下载量 230 万次，年度访问量超过 1 000 万次，为学术搜索和社会网络挖掘研究的重要数据和实验平台。项目团队与中国工程科技知识中心、微软学术搜索、ACM、IEEE、DBLP、美国艾伦研究所、英国南安普顿大学等机构建立了良好的合作关系、共享数据及技术资源。项目成果及核心技术应用于中国工程院、科技部、国家自然基金委、华为、腾讯、阿里巴巴、百度等 20 多家企事业单位，为各单位的专家系统建设及产品升级提供了重要数据及技术支撑。《福建农业学报》已加入 AMiner 学术推广平台，平台能根据

图 6-13 《福建农业学报》优先出版

期刊的领域内容，精准挖掘适合的读者，并将期刊内容以邮件等方式推送。

3. 加入 OSID 计划

2019 年 7 月，国家新闻出版署出版融合发展（武汉）重点实验室公布 "学术期刊融合出版能力提升计划" A 类项目拟资助期刊名单（第四批），《福建农业学报》入选资助期刊。

OSID 开放科学（资源服务），是国家新闻出版署出版融合发展（武汉）重点实验室首创的一种媒体融合新技术，具体是以开放科学二维标识码（OSID 码）为入口，提供丰富的线上扩展功能，为作者提供一个与业界同行交流研究成果的平台。通过 OSID，作者可以使用电脑或手机上传简短的语音、视频、文字介绍，更加立体化地展示和传播科研成果，弥补纸刊载体的局限性，也可与本专业其他研究人员互动、交流，提升论文的阅读量、下载量和引用率，扩大论文的影响力。

OSID 码包含以下内容：①作者介绍论文的语音（不超过 1 分钟），内容包括研究方向、研究目的、研究意义，还可以介绍自己在研究前的准备工作、研究过程中的趣事等，从而展现更多的研究细节；②论文附加说明，可上传论文的相关图片和视频，使纸刊无法呈现的动态试验过程、模拟计算结果等，得到更直观的展示；③作者与读者在线交流问答，建立起论文的学术交流圈。

读者通过微信扫描论文上的 OSID 码，可以看到作者对文章的介绍，向作者提问，或针对有探讨价值之处与作者进一步互动沟通。

第三节 农业科技期刊网络传播的实证分析

科技期刊是科学研究和科技成果重要的知识传播载体。随着"互联网+"信息技术服务时代的到来，科技期刊网络传播方式已逐步代替传统的纸媒传播，成为拓展学术影响、加快传播速度的重要途径（赵廊，2018）。近年来，我国农业学术期刊网络化、数字化发展迅速，农业学术期刊的网络传播途径正呈现多样化发展，借助大型文献数据库、自建网站开放获取（OA）平台和微信平台等多种网络传播方式并存。因此，研究农业学术期刊的网络传播效果，对于提升期刊学术影响力，促进学术论文资源共享，推动农业学术交流，提升农业科研成果传播的质量与效率具有重要意义。

国外知名学术期刊的网络传播方式较为先进，传播路径已从自办网站的单一途径发展为通过专业科技类网站、综合类门户网站、社交网络、移动终端无线网络等多媒体融合传播（赵廊 等，2018）。对于国内学术期刊而言，基于大型商业性数据库的网络传播仍为首要选择，以农业科技期刊为例，我国共有 551 种农业科技期刊加入中国知网（CNKI）；另一方面，随着信息技术的发展，学术期刊网络化水平日益提升，据统计有 89% 的农业类中文核心期刊建立了自主网站，其中开展 OA 全文传播的农业类中文核心期刊 76 种，占该类期刊总数的 54%（李树霞，2013），期刊自建的 OA 平台越来越显示其在网络传播中的重要作用。郭晓亮（2015）、张韵（2014）、高峻（2017）等利用中国知网数据库，以学术期刊发表的文献量及其下载量为基数，对其网络传播计量学指标如地域下载量和浏览量、读者所属单位、被访文献所属学科、文献访问量分区段分布等进行统计分析，反映读者和作者的阅读需求与指向；方红玲（2013）对信息类学术期刊的 OA 下载量与商业网站下载量进行比较，探讨两者间的差别及其与被引频次间的相关性；蒋静（2014）对自动化与计算机类核心期刊的 OA 现状与传播效果进行分析，认为总体上 OA 平台的下载量要明显高于 CNKI 网站的下载量。目前未见涉及农业学术期刊 OA 平台与商业数据库平台网络传播效果的比较研究。其次，自建 OA 全文传播平台是否会影响大型商业数据库网站（如 CNKI）的网络传播效果？两者间的受众群体有何不同？迄今未见相关研究。本研究以中文核心期刊《福建农业学报》为例，分析基于 CNKI 和自建 OA 平台 2 种网络传播方式的传播效果，并对两者的下载量、浏览量和受众来源进行比较分析，以期明确网络传播在农业科学学术传播中的地位与作用，为有效选择农业学术期刊的网络传播方式、提高网络传播的质量与效率、提升农业学术期刊传播能力和学术影响力提供理论与实践依据。

一、科技期刊网络传播研究方法

（一）样本选择

以《福建农业学报》（以下简称《学报》）为研究对象，该刊由福建省农业科学院主管、主办，主要刊载农业与生物学领域具有较高学术水平的研究论文及综述，系《中文核心期刊要目总览》（2014 版、2017 版）收录期刊、中国科学引文数据库（CSCD）（2019—2020）来源期刊、中国科技核心期刊来源期刊，被 CA、CABI、ZR、JST 等国际著名检索数据库收录。2000 年，该刊加入中国知网（CNKI），所有论文全文数据均在 CNKI 网站传播；2011 年 12 月，该刊自建网站 OA 平台，实现自创刊之始的全文 PDF 数据在线网络传播，2016 年 1 月，该刊在 OA 平台基础上开通了基于 XML 格式的全文数据在线传播，成为国内较早实现 XML 结构化全文在线传播的农业学术期刊。

（二）数据来源与统计方法

登录中国知网（CNKI）"个刊影响力统计分析数据库"，进入"《福建农业学报》文献网络传播情况"，统计 2012—2017 年各年度的网络下载量和浏览量，2012—2017 年全球读者的国别分布，我国读者的地区分布，《学报》高下载量论文的来源单位分布；统计 2008—2017 年每年出版的期刊论文下载量和篇均下载量数据，统计 2008—2017 年的文献下载量分区段分布。

进入《学报》网站 OA 系统后台，统计 2012—2017 年各年度的网络下载量和浏览量，2012—2017 年期间用户所在国别的网络下载量和浏览量分布，国内用户网络下载量和浏览量的地区分布，统计 2008—2017 年每年出版的文献期下载量和篇均下载量，统计 2008—2017 年的文献下载量分区段分布。

所有数据采用 EXCEL2019 统计，对分别基于 CNKI 和 OA 平台的下载量和浏览量进行比较分析。

二、科技期刊网络传播的效果与分析

(一) 网络传播量和传播趋势分析

1. CNKI 和 OA 平台下载量与浏览量比较

由图 6-14、图 6-15 可知,2012—2017 年,6 年期间《学报》在知网(CNKI) 的下载量和浏览量分别为 28.85 万次和 30.12 万次,在自主 OA 平台的下载量和浏览量分别为 153.91 万次和 367.02 万次,OA 平台的下载量和浏览量分别是 CNKI 平台的 5.33 倍和 12.19 倍。显示 OA 平台的网络传播量要远高于 CNKI 平台。从两个平台 6 年的传播发展趋势看,无论是下载量

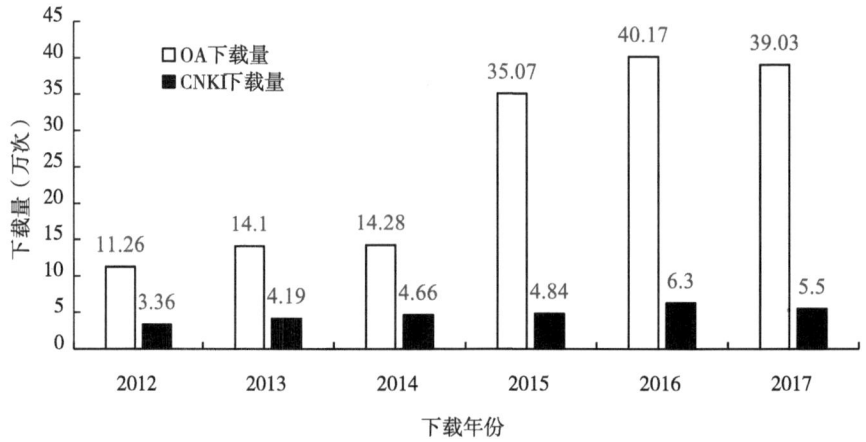

图 6-14　2012—2017 年《学报》基于 OA 和 CNKI 的全文下载量比较

还是浏览量均稳步上升,尤以 OA 平台访问量的上升幅度最为显著,2017 年的下载量比 2012 年提高了 2.47 倍,浏览量比 2012 年提高了 1.12 倍;来源于 CNKI 的下载量和浏览量 6 年间也分别增长了 64% 和 117%。统计结果显示,《学报》的传播力和影响力逐年增强,其中 OA 平台是网络传播的主要载体。

2. CNKI 和 OA 平台文献的期刊下载量和篇均下载量比较

2008—2017 年,《学报》共发表论文 2 075 篇,来源于 CNKI 平台和 OA 平台的 10 年间论文下载总量分别为 30.25 万次和 104.29 万次(图 6-16、图 6-17),篇均下载量分别为 146 次和 503 次,表明 OA 平台的文献访问量

第六章 农业科技期刊数字化

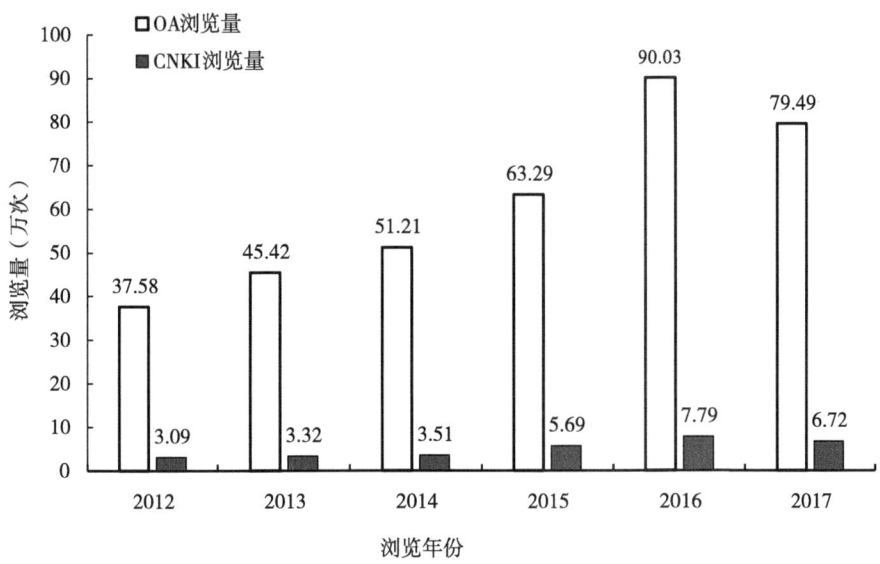

图 6-15 2012—2017 年《学报》基于 OA 和 CNKI 的浏览量比较

要明显高于 CNKI 平台。从图 6-16、图 6-17 还可看出，越早的文献篇均下载量越高，其中 2011 年出版的文献在 OA 平台下载量 18.86 万次，篇均下载量 720 次，显示《学报》论文半衰期长，论文老化程度低，有较为长久的学术生命力。

3. CNKI 和 OA 平台文献下载量分区段比较

文献下载量分区段是指把期刊文献按被下载次数归类后统计的文献分布情况，可以了解期刊所发表文献中最受用户关注的文献情况，此类文献具有较强的出版价值、较高的被引用可能。图 6-18 为 2008—2017 年《学报》文献在 CNKI 和 OA 平台下载频次的集聚度比较，统计结果表明，CNKI 平台下载量超过 5 000 次的有 1 篇，超过 1 000 次的有 19 篇，超过 500 次的有 91 篇，超过 200 次的有 355 篇，超过 100 次的有 1 005 篇（占文献总量的 48.43%），超过 50 次的有 1 700 篇（占文献总量的 81.93%）。OA 平台下载量超过 2 000 次的有 70 篇，超过 1 000 次的有 116 篇，超过 500 次的有 878 篇（占文献总量的 42.31%），超过 200 次的有 1 907 篇（占文献总量的 91.66%）。从图 6-18 可以看出，两个平台的文献下载频次聚集度呈近似正态分布，其中 OA 平台下载量聚集于 201~900 区间，峰值在 301~400，CNKI 平台下载量聚集于 31~200 区间，峰值在 51~100，OA 平台文献下载

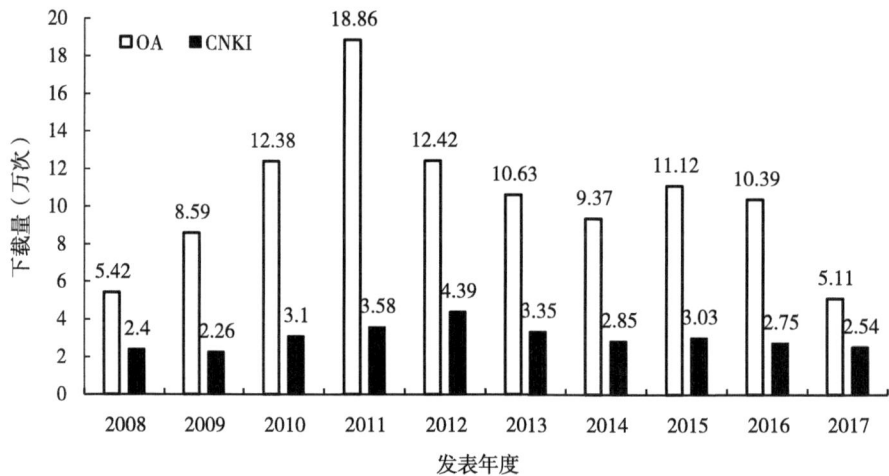

图 6-16　OA 和 CNKI 平台 2008—2017 年《学报》文献年下载量比较

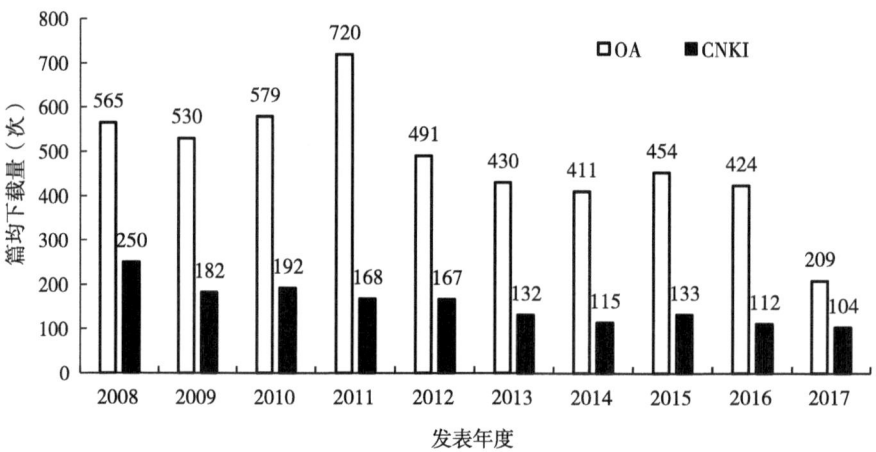

图 6-17　OA 和 CNKI 平台 2008—2017 年《学报》文献篇均下载量比较

频次聚集区间和峰值比 CNKI 平台明显向高下载区前移，OA 平台下载频次 300 以上的曲线下面积要远高于 CNKI 平台，显示 OA 平台的网络传播具有强大的媒介优势。

（二）网络读者来源分析

1. 读者所在的国家分布

表 6-1 显示，《学报》OA 平台用户以中国、美国所在地的读者为主，

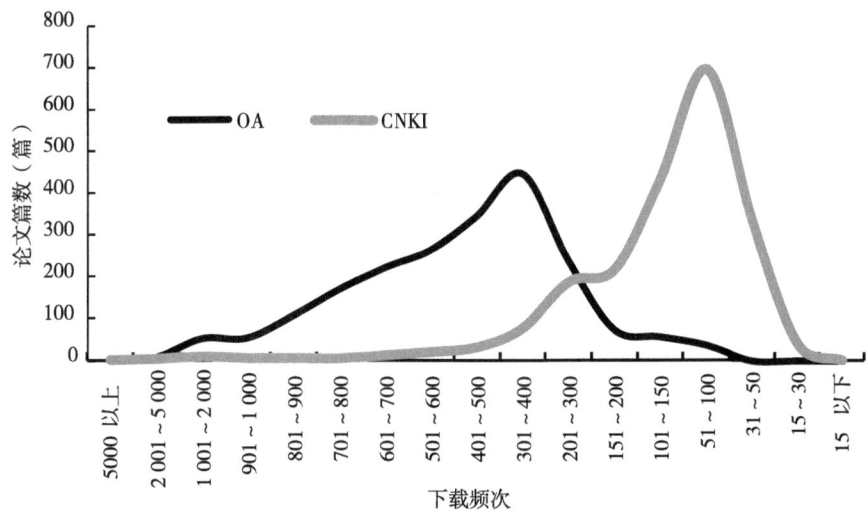

图 6-18 基于 OA 和 CNKI 的《福建农业学报》
2008—2017 年论文下载频次聚集度

下载量分别为 88.78 万次（占 57.99%）和 58.08 万次（占 37.94%），浏览量分别为 222.57 万次（占 60.68%）和 117.90 万次（占 32.14%）；下载量在 7 000 次以上的读者所在国别还有法国、乌克兰、加拿大和韩国，3 001~7 000 次的有德国、英国和俄罗斯，1 001~3 000 次的有荷兰、朝鲜、拉脱维亚、意大利和日本；浏览量在 1 万次以上的读者所在国别有法国、乌克兰、英国、意大利、俄罗斯、德国和加拿大。CNKI 平台的受众绝大多数为中国读者，国内读者下载量为 26.49 万次，浏览量为 27.99 万次，美国用户居次，下载量为 1 003 次，浏览量为 343 次。统计结果表明，《学报》OA 平台下载量不仅远高于 CNKI，而且在世界范围用户分布广，尤其是欧美等西方发达国家用户的下载量和浏览量都很大；即使是国内用户，下载量和浏览量也分别比 CNKI 高于出 3.35 倍和 8.0 倍。因此科技期刊开通 OA 网络传播平台，对提升期刊国际影响力和传播效果具有重要意义。

表 6-1　2012—2017 年《学报》OA 和 CNKI 平台访问量所在地的国家分布

国　家	OA 下载量/次	OA 浏览量	CNKI 下载量/次	CNKI 浏览量/次
中国	887 754	2 225 682	264 929	279 943
美国	580 778	1 178 981	1 103	343
法国	9 389	52 751	69	3
乌克兰	8 786	52 544	3	0
加拿大	8 680	10 143	59	27
韩国	7 713	634	115	96
德国	5 123	23 137	81	15
英国	4 159	46 182	87	12
俄罗斯	3 266	25 065	32	8
荷兰	2 696	4 049	42	5
朝鲜	2 240	133	0	0
拉脱维亚	1 725	746	0	0
意大利	1 699	34 002	31	0
日本	1 199	740	176	50
蒙古国	871	1 552	1	0
越南	700	754	9	6
印度	685	1 231	32	6
马来西亚	659	295	7	8
菲律宾	451	1 157	5	0
澳大利亚	372	394	92	51
泰国	257	272	18	3
捷克	243	1 873	5	0
新加坡	186	115	21	20
巴西	153	101	64	11
伊朗	150	175	11	0
瑞典	147	582	28	0
罗马尼亚	134	52	2	0
土耳其	118	411	14	1

(续表)

国　家	OA下载量/次	OA浏览量	CNKI下载量/次	CNKI浏览量/次
埃及	110	91	11	1
巴基斯坦	105	120	10	1
挪威	29	1 007	12	3
奥地利	49	886	8	0
卢森堡	43	681	1	0
芬兰	43	649	11	0
瑞士	51	642	16	2
未划分	0	0	21 347	20 550

注：中国用户包括我国内地和港澳台地区。

2. 国内读者地区分布

从OA和CNKI平台用户的省际分布看，《学报》已实现对我国各省（区、市）和我国港澳台地区的全覆盖。表6-2显示，OA平台的国内网络传播量，以北京地区为主，下载量和浏览量分别高达60.22万次和117.48万次，分别占国内下载总量和浏览量的67.83%和52.79%，下载量在1万次以上的省（区、市）有上海、浙江、广东、河南、安徽和福建，浏览量在10万次以上的省（市）有上海和广东。CNKI平台网络下载量和浏览量在1万次以上的地区依次为广东、北京、江苏、福建、湖北、山东和浙江。从两个平台的国内下载量看，相同之处是高下载量都集中于科研资源丰富或经济总量高的省（市）以及本地区（福建），不同之处是，OA平台的用户集中于京沪地区，而CNKI平台的用户分布较为均衡，尤其以科技经济强省（市）居多，而且在许多省份的下载量和浏览量要明显高于OA平台。因此，对于国内用户而言，CNKI平台的网络传播仍不可或缺。

表6-2　2012—2017年《学报》OA和CNKI平台访问量的国内各省（区、市）分布

省（区、市）	OA下载量/次	OA下载比例/%	OA浏览量/次	OA浏览比例/%	CNKI下载量/次	CNKI下载比例/%	CNKI浏览量/次	CNKI浏览比例/%
北京	602 203	67.83	1 174 831	52.79	25 027	9.45	26 830	9.58
上海	88 729	9.99	235 918	10.60	8 290	3.13	8 645	3.09
浙江	24 540	2.76	30 819	1.38	11 181	4.22	19 697	7.04

(续表)

省（区、市）	OA下载量/次	OA下载比例/%	OA浏览量/次	OA浏览比例/%	CNKI下载量/次	CNKI下载比例/%	CNKI浏览量/次	CNKI浏览比例/%
广东	22 725	2.56	105 036	4.72	28 136	10.62	28 356	10.13
河南	19 207	2.16	98 063	4.41	6 525	2.46	7 105	2.54
安徽	16 840	1.90	47 868	2.15	6 761	2.55	8 152	2.91
福建	10 869	1.22	8 449	0.38	20 247	7.64	22 356	7.99
台湾	8 409	0.95	2 416	0.11	557	0.21	637	0.23
湖北	7 034	0.79	19 150	0.86	13 680	5.16	12 698	4.54
山东	5 597	0.63	2 749	0.12	12 908	4.87	12 996	4.64
陕西	5 533	0.62	22 164	1.00	6 706	2.53	6 863	2.45
四川	4 014	0.45	1 398	0.06	8 590	3.24	8 716	3.11
江苏	3 819	0.43	5 719	0.26	23 135	8.73	24 137	8.62
天津	3 500	0.39	11 023	0.50	4 420	1.67	4 145	1.48
云南	3 417	0.38	1 494	0.07	7 101	2.68	5 889	2.10
河北	3 273	0.37	6 981	0.31	5 196	1.96	5 540	1.98
辽宁	2 593	0.29	894	0.04	6 215	2.35	6 249	2.23
重庆	1 951	0.22	1 570	0.07	5 983	2.26	6 572	2.35
湖南	1 777	0.20	2 776	0.12	7 419	2.80	7 434	2.66
贵州	1 185	0.13	979	0.04	5 167	1.95	4 856	1.73
江西	1 061	0.12	1 985	0.09	5 676	2.14	5 930	2.12
海南	934	0.11	431	0.02	5 395	2.04	4 985	1.78
黑龙江	911	0.10	680	0.03	7 805	2.95	7 397	2.64
甘肃	899	0.10	317	0.01	3 567	1.35	3 508	1.25
山西	818	0.09	11 024	0.50	3 754	1.42	3 280	1.17
吉林	743	0.08	12 296	0.55	6 003	2.27	5 981	2.14
其他*	45 173	5.09	418 652	18.81	19 485	7.35	20 989	7.50
合计	887 754	100	2 225 682	100	264 929	100	279 943	100

*包括广西、内蒙古、新疆、宁夏、青海、西藏、香港、澳门地区和IP地址不确定的地区。

3. 国内读者单位分布

从CNKI数据库得知，通过CNKI访问《学报》的院校和科研机构共

1 973家。从表6-3可看出，下载量在2 000次以上的单位有19家，基本上包含了我国主要农业院校和中科院、中农院等重要科研机构。其中下载量万次以上的有华南农业大学（14 443次）和南京农业大学（1 1136次），下载量较高的院校还有华中农业大学（9 320次）、中国农业大学（6 583次）、西北农林科技大学（5 975次）和山东农业大学（5 182）次，显示农业院校师生是《学报》主要的国内读者群。

表6-3 《学报》国内读者所属主要单位分布（CNKI）

单 位	CNKI下载量/次	CNKI下载比例/%	CNKI浏览量/次	CNKI浏览比例/%
华南农业大学	14 443	6.41	12 934	6.01
南京农业大学	11 136	4.94	9 806	4.55
华中农业大学	9 320	4.13	8 255	3.83
中国农业大学	6 583	2.92	5 472	2.54
西北农林科技大学	5 975	2.65	5 551	2.58
山东农业大学	5 182	2.30	5 080	2.36
中山大学	3 650	1.62	2 264	1.05
海南大学	3 410	1.51	2 915	1.35
东北农业大学	3 281	1.46	3 085	1.43
福建农林大学	2 629	1.17	3 158	1.47
厦门大学	2 459	1.09	2 720	1.26
青岛农业大学	2 444	1.08	2 467	1.15
吉林农业大学	2 436	1.08	2 210	1.03
沈阳农业大学	2 432	1.08	2 133	0.99
中国科学院	2 336	1.04	2 221	1.03
广西农科院科技情报所	2 246	1.00	1 885	0.88
中国农科院农业信息研究所	2 186	0.97	2 046	0.95
扬州大学	2 180	0.97	2 108	0.98
四川农业大学	2 036	0.90	1 701	0.79
未分配（局域网）	13 272	5.89	13 684	6.34

注：调查时间段为2005—2017年。

三、思考与建议

目前借助于 CNKI 等大型商业数据库以拓宽传播渠道，是学术期刊增强传播力的首要选择。然而商业数据库的经营模式侧重于市场化，其收费模式在很大程度上限制了期刊数字资源的有效传播（张伟伟 等，2017）。开放获取（Open Access，OA）指发表在同行评议期刊上的学术论文的免费、即时和永久获取，OA 已成为世界科技界最关注的热点，对促进科学合作与学术交流，推动科学的发展具有重要的意义（武学良 等，2012）。科技期刊采用 OA 出版模式极大方便了读者的自由获取，可以扩大读者和作者群，拓宽期刊宣传渠道，从而提高期刊学术影响力，当前国内外科技期刊都在积极发展 OA 出版模式，包括单刊独立 OA、多刊联合 OA、学科信息网 OA 和依托数据网 OA 等（苏金燕，2012），其中单刊自行 OA 仍为主要的途径。《福建农业学报》于 2011 年 12 月建立自主网站，在网刊系统搭建 OA 平台，自创刊之始的全部文献全文免费开放。本研究结果表明，2012—2017 年《学报》OA 平台运行 6 年间，全文下载量和浏览量分别高达 153.91 万次和 367.02 万次，是同期 CNKI 平台的 5.33 倍和 12.19 倍；从 2008—2017 年《学报》10 年 2 075 篇大样本文献统计分析看，OA 平台开放 6 年的下载总量为 104.29 万次，篇均 504 次，是 CNKI 平台（开放 20 多年）的 3.45 倍。2018 年，《学报》再次入选中文核心期刊，2019 年，《学报》首次入选 CSCD，可见 OA 模式不仅极显著增加了期刊论文的可见度，显示出其强大的网络传播力，而且还能明显提升期刊的学术影响力。因此，学术期刊主办单位和出版单位应积极创造条件，搭建期刊 OA 平台，促进学术资源共享，推动期刊数字化转型升级，以有效提升期刊传播力、影响力和竞争力。

大型商业数据库的文献下载率已被作为评价核心期刊和期刊影响力分区的指标之一（温国泉 等，2017）。传统观念认为，OA 模式对基于大型商业数据库的文献下载量会产生负面影响，因此许多学术期刊对 OA 出版模式产生疑虑，不同程度地选择延迟开放、部分开放、或独家授权大型商业数据库的方式。但从本研究结果看，2012—2017 年《学报》OA 平台运行 6 年间，同期 CNKI 平台的下载量和浏览量分别增长了 64% 和 117%，说明 OA 平台和 CNKI 平台的网络传播，不仅没有互相制约，相反可以起到互补促进的作用。另一方面，鉴于 OA 平台的访问量已远超商业网站，这也提示期刊评价部门，随着现代信息技术日新月异的发展，对于学术传播力指标的评价，不能局限于单一的商业数据库，而是应更多地选择包括 OA 平台、微信公众号、社交平台、商业网站等多元化的来源指标,以能更为客观真实地体现学术期刊的传播能力。

本研究表明,《学报》OA 平台的国外用户下载量占了 40% 以上,其中美国用户的下载量和浏览量分别占总量的 37.94% 和 32.14%,在德国、法国、英国、韩国、加拿大、俄罗斯、乌克兰等国也具有较大的用户下载量,提示 OA 平台在国际学术传播中具有重要作用,进一步说明加强数字化建设,搭建 OA 平台,推进媒体融合发展,是提高期刊国际影响力的重要途径。因此,为适应期刊的数字化国际传播的需要,期刊编辑部还要加强英文部分的表达与规范,比如采用长摘要英文,中文参考文献增加英文对照,聘请外籍专家润色英文。本研究还发现,《学报》CNKI 平台以国内用户访问量占 90% 以上,国内许多地区的下载量也多于 OA 平台,且访问量居前 14 位的全部是高等院校,说明 CNKI 传播影响力主要体现在国内受众,尤其是高校读者群。CNKI 汇聚海量资源,检索功能强大,检索手段先进,是高校师生获取学术资料的主要途径,因此学术期刊仍要加强和重视与 CNKI 的多元合作,包括借助 CNKI 网络首发、优先出版和大数据搜索等手段,提升期刊的网络传播效果。

参考文献

方红玲,2013. OA 网站与商业网站论文高下载量对比分析及其与被引频次的相关性研究——以《中国科技期刊研究》为例 [J]. 中国科技期刊研究,24(5):866-869.

高峻,等,2017.《浙江农业学报》2013—2015 年网络传播分析——以中国知网数据为例 [J]. 浙江农业学报,29(8):1 409-1 414.

郭晓亮,等,2015. 基于中国知网的《清华大学学报(自然科学版)》网络传播分析 [J]. 科技与出版(11):43-50.

侯春彦,等,2014. 科技期刊全方位数字化的成功探索——以《色谱》为例 [J]. 出版发行研究(4):70-73.

黄崇亚,等,2019. 我国科技期刊集群化建设路径探讨 [J]. 编辑学报,31(4):361-365.

蒋静,2014. 自动化和计算机技术类核心期刊的 OA 现状、特点和传播效果分析 [J]. 中国科技期刊研究,25(9):1 106-1 112.

蒋凯彪,等,2016. 国际大型科技期刊出版集团的经营发展方式 [J]. 出版与印刷(1):2-6.

李树霞,2013. 农业科技核心期刊网站建设及 OA 出版调查研究 [J]. 中国编辑 (5): 52-56.

李婷,等,2018. "OSID 开放科学计划"助力学术期刊融合创新发展 [J]. 出版与印刷 (3): 11-17.

邱振邦,2014. 传统媒体和新兴媒体融合发展的变与不变 [J]. 新闻研究导刊, 5 (18): 5-6.

宋锦玉,等,2015.3G 时代科技期刊如何利用微信出版提高影响力 [J]. 编辑学报, 27 (4): 386-387.

苏金燕,2012. 学术期刊开放获取出版模式探析——由使用学术期刊数据库引起的思考 [J]. 情报资料工作 (3): 65-68.

王健东,2014. 科技期刊数字平台建设及应注意的问题 [J]. 出版发行研究 (11): 55-58.

王晴,等,2019. 融合发展,同生共赢——论科技期刊与新媒体融合发展 [J]. 出版广角 (2): 10-13.

温国泉,等,2017. 农业生物类中文核心期刊若干评价指标评析 [J]. 出版科学, 25 (3): 84-89.

翁志辉,等,2016. 论学术期刊审稿环节的优化 [J]. 编辑学报, 28 (6): 532-535.

武学良,等,2012. 中国科学院科技期刊开放获取问题分析与发展探讨 [J]. 中国科技期刊研究, 23 (4): 526-529.

张梅,翁志辉,等,2019. 农业学术期刊网络传播效果研究——以《福建农业学报》为例 [J]. 福建农业学报, 34 (9): 1 108-1 116.

张伟伟,等,2017. 公共利益视阈下学术期刊开放获取路径 [J]. 中国科技期刊研究, 28 (7): 599-604.

张韵,等,2014. 基于 CNKI 的《浙江农业学报》2005—2012 年网络传播分析 [J]. 浙江农业学报, 26 (4): 1 134-1 138.

赵廓,等,2018. 国外科技期刊网络传播效果研究 [J]. 科技与出版 (10): 170-173.

朱亚娜,2018. 植物类科技期刊媒体融合出版实践与思考 [J]. 编辑学报, 30 (S1): 113-116.

附录 我国农业科技期刊名录[①]

一、综合性农业科学

序号	刊名	主办单位	刊期	创刊年份
1	Journal of Integrative Agriculture 农业科学学报	中国农业科学院	双月刊	2002
2	Frontiers of Agricultural Science and Engineering 农业科学与工程前沿	高等教育出版社有限公司；中国工程院；中国农业大学	季刊	2014
3	Agricultural Science & Technology 农业科学与技术	湖南省农业科学院	季刊	2000
4	Journal of Northeast Agricultural University (English Edition) 东北农业大学学报（英文版）	东北农业大学	季刊	1994
5	Food Production, Processing and Nutrition 食物生产加工与营养	江苏省农业科学院	季刊	2019
6	中国农业科学	中国农业科学院	半月刊	1960
7	应用生态学报	中国生态学学会；中国科学院沈阳应用生态研究所	月刊	1990
8	农业现代化研究	中国科学院农业研究委员会；中国科学院亚热带区域农业研究所	双月刊	1980
9	生态学杂志	中国生态学学会	月刊	1982
10	中国农业大学学报	中国农业大学	月刊	1955
11	中国农业科技导报	科技部中国农村技术开发中心	月刊	1999
12	南京农业大学学报	南京农业大学	双月刊	1956

[①] 数据来源于中国知网、国家新闻出版署网站和相关期刊网站，经整理统计而成，共551种，不含已停刊的科技期刊和农林经济类期刊，本次统计不包括我国台港澳地区农业科技期刊

(续表)

序号	刊名	主办单位	刊期	创刊年份
13	西北农林科技大学学报（自然科学版）	西北农林科技大学	月刊	1936
14	华中农业大学学报	华中农业大学	双月刊	1956
15	吉林农业大学学报	吉林农业大学	双月刊	1979
16	世界农业	中国农业出版社	月刊	1979
17	南方农业学报	广西农业科学院	月刊	1964
18	华南农业大学学报	华南农业大学	双月刊	1959
19	华北农学报	北京、天津、河北、河南、山西、内蒙古六省（区、市）农科院	双月刊	1986
20	农业展望	中国农科院农业信息研究所	月刊	2005
21	沈阳农业大学学报	沈阳农业大学	双月刊	1956
22	河南农业科学	河南省农业科学院	月刊	1972
23	山西农业大学学报（自然科学版）	山西农业大学	双月刊	1957
24	东北农业大学学报	东北农业大学	月刊	1957
25	中国农学通报	中国农学会	旬刊	1984
26	江西农业大学学报	江西农业大学	双月刊	1979
27	江苏农业学报	江苏省农业科学院	双月刊	1985
28	农业科技管理	吉林省农科院；中国农业科技管理研究会	双月刊	1982
29	浙江农业学报	浙江省农业科学院；浙江省农学会	月刊	1989
30	浙江大学学报（农业与生命科学版）	浙江大学	双月刊	1956
31	西北农业学报	西北农林科技大学；甘肃；宁夏；青海；新疆农（林）业科学院；青海；新疆畜牧（兽医）科学院及新疆农垦科学院	月刊	1992
32	热带作物学报	中国热带作物学会	月刊	1980
33	甘肃农业大学学报	甘肃农业大学	双月刊	1959
34	山西农业科学	山西省农业科学院	月刊	1961
35	河北农业大学学报	河北农业大学	双月刊	1959
36	亚热带农业研究	福建农业大学	季刊	2005

（续表）

序号	刊名	主办单位	刊期	创刊年份
37	西南农业学报	四川；云南；贵州；广西；西藏及重庆省（区；市）农科院	月刊	1982
38	四川农业大学学报	四川农业大学	双月刊	1983
39	云南农业大学学报（自然科学）	云南农业大学	双月刊	1986
40	扬州大学学报（农业与生命科学版）	扬州大学	双月刊	1980
41	福建农林大学学报（自然科学版）	福建农林大学	双月刊	1953
42	西南大学学报（自然科学版）	西南大学	月刊	1957
43	新疆农业科学	新疆农业科学院；新疆农业大学；新疆农学会	月刊	1958
44	江西农业学报	江西省农学会；江西省农业科学院	月刊	1989
45	上海交通大学学报（农业科学版）	上海交通大学	双月刊	1983
46	黑龙江八一农垦大学学报	黑龙江八一农垦大学	双月刊	1981
47	山东农业科学	山东省农业科学院；山东农业大学；山东农学会	月刊	1963
48	湖南农业大学学报（自然科学版）	湖南农业大学	双月刊	1951
49	石河子大学学报（自然科学版）	石河子大学	双月刊	1983
50	广东农业科学	广东省农业科学院；华南农业大学	月刊	1965
51	安徽农业大学学报	安徽农业大学	双月刊	1957
52	农学学报	中国农学会	月刊	1997
53	东北农业科学	吉林省农业科学院；中国农业科技东北创新中心	双月刊	1960
54	河南农业大学学报	河南农业大学	双月刊	1960
55	延边大学农学学报	延边大学	季刊	1979
56	福建农业学报	福建省农业科学院	月刊	1986
57	山东农业大学学报（自然科学版）	山东农业大学	双月刊	1955
58	贵州农业科学	贵州省农业科学院	月刊	1972
59	江苏农业科学	江苏省农业科学院	半月刊	1973

(续表)

序号	刊名	主办单位	刊期	创刊年份
60	特产研究	中国农业科学院特产研究所；中国农学会特产学会	双月刊	1962
61	热带生物学报	海南大学	季刊	2010
62	热带农业科学	中国热带农业科学院	月刊	1980
63	天津农业科学	天津市农业科学院信息研究所	月刊	1974
64	内蒙古农业大学学报（自然科学版）	内蒙古农业大学	双月刊	1957
65	北京农学院学报	北京农学院	季刊	1983
66	广东海洋大学学报	广东海洋大学	双月刊	1975
67	安徽科技学院学报	安徽科技学院	双月刊	1984
68	河北农业科学	河北省农林科学院	双月刊	1989
69	河南科技学院学报（自然科学版）	河南科技学院	双月刊	1973
70	山地农业生物学报	贵州大学	双月刊	1982
71	天津农学院学报	天津农学院	季刊	1994
72	仲恺农业工程学院学报	仲恺农业工程学院	季刊	1988
73	北方农业学报	内蒙古自治区农牧业科学院	双月刊	1973
74	台湾农业探索	福建省台湾农业研究中心；福建省农业科学院农业经济与科技信息研究所	双月刊	1984
75	中国农史	中国农业历史学会；中国农业科学院；南京农业大学；中国农业遗产研究室	双月刊	1981
76	上海农业学报	上海市农学会；上海市农业科学院	双月刊	1985
77	新疆农业大学学报	新疆农业大学	双月刊	1965
78	中国农业教育	南京农业大学	双月刊	1992
79	湖南农业科学	湖南省农业科学院；湖南省科技厅星火办；湖南农业大学	月刊	1971
80	湖北农业科学	湖北省农业科学院	半月刊	1955
81	湖南生态科学学报	湖南环境生物职业技术学院	季刊	1995
82	浙江农业科学	浙江省农业科学院；浙江大学	月刊	1959
83	农业科学研究	宁夏大学	季刊	1980
84	河北科技师范学院学报	河北科技师范学院	季刊	1987

附录 我国农业科技期刊名录

（续表）

序号	刊名	主办单位	刊期	创刊年份
85	青岛农业大学学报（自然科学版）	青岛农业大学	季刊	1960
86	安徽农业科学	安徽省农业科学院	半月刊	1961
87	金陵科技学院学报	金陵科技学院	季刊	1986
88	热带农业科技	云南省热带作物科学研究所	季刊	1977
89	浙江海洋大学学报（自然科学版）	浙江海洋大学	双月刊	1982
90	农业研究与应用	广西亚热带作物研究所	双月刊	1988
91	黑龙江农业科学	黑龙江省农业科学院	月刊	1978
92	西昌学院学报（自然科学版）	西昌学院	季刊	1986
93	辽宁农业科学	辽宁农业科学院；辽宁省农学会	双月刊	1960
94	陕西农业科学	西北农林科技大学	月刊	1955
95	塔里木大学学报	塔里木大学	季刊	1978
96	福建热作科技	福建省热带作物科学研究所；福建省热带作物学会；福建省农垦与南亚热带作物经济技术中心	季刊	1975
97	甘肃农业科技	甘肃省农业科学院；甘肃省农学会	月刊	1963
98	河北北方学院学报（自然科学版）	河北北方学院	月刊	1984
99	宁夏农林科技	宁夏农林科学院	月刊	1958
100	农村经济与科技	《农村经济与科技》杂志社；湖北省农业科学院	半月刊	1990
101	安徽农学通报	安徽省农学会	半月刊	1995
102	吉林农业科技学院学报	吉林农业科技学院	季刊	1991
103	绿色科技	花木盆景杂志社	半月刊	2010
104	现代农业科技	安徽省农业科学院	半月刊	1972
105	现代化农业	黑龙江省农垦科学院	月刊	1979
106	天津农林科技	天津市农业技术推广站	双月刊	1948
107	广西农学报	广西农业广播电视学校	双月刊	1986
108	辽宁农业职业技术学院学报	辽宁农业职业技术学院	双月刊	1994
109	福建农业科技	福建省农业科学院；福建省农学会	双月刊	1970
110	信阳农林学院学报	信阳农林学院	季刊	1990

(续表)

序号	刊名	主办单位	刊期	创刊年份
111	甘肃农业	甘肃农业杂志社	月刊	1987
112	青海农林科技	青海省农林科学院；青海省农学会；青海省林学会	季刊	1971
113	西藏农业科技	西藏自治区农牧科学院农业研究所；西藏自治区农学会	季刊	1977
114	农业科技通讯	中国农业科学院	月刊	1972
115	农业与技术	中国科技期刊编辑学会；吉林省科学技术信息研究所	半月刊	1980
116	农业科技与信息	甘肃省农牧厅	半月刊	1984
117	石河子科技	石河子科学技术委员会	双月刊	1976
118	高原农业	西藏农牧学院	双月刊	2017
119	河北农业	河北省农业宣传中心	月刊	1953
120	河南农业	河南省农业科学技术展览馆	旬刊	1990
121	湖南农业	湖南省农业技术推广总站	月刊	1980
122	江西农业	江西省农业厅	半月刊	2008
123	基层农技推广	清华控股有限公司	月刊	2013
124	吉林农业	吉林省农业技术培训中心	半月刊	1989
125	科学种养	金盾出版社	月刊	2006
126	绿化与生活	北京市园林绿化宣传中心	月刊	1985
127	南方农业	重庆市农业科学院	旬刊	2007
128	农村百事通	江西科技出版社	半月刊	1982
129	农村科技	新疆农业科学院	双月刊	1984
130	农村科学实验	吉林科技报刊社	月刊	1964
131	农村实用技术	云南省科学技术情报	月刊	1998
132	农村新技术	广西科技情报研究所	月刊	1983
133	农技服务	贵州省农业科学院；贵州省农业厅	月刊	1984
134	农家参谋	河南省科学技术协会	月刊	1983
135	农家科技	重庆出版社；重庆市农委	月刊	1985
136	农家之友	广西壮族自治区农业技术推广总站	月刊	1989
137	农家之友（理论版）	广西壮族自治区农业技术推广总站	月刊	1989
138	农民文摘	中国农村杂志社	月刊	1984

(续表)

序号	刊名	主办单位	刊期	创刊年份
139	农民致富之友	黑龙江省农业系统宣传中心	半月刊	1957
140	农民科技培训	农业农村部农民科技教育培训中心；中央农业广播电视学校	月刊	2002
141	农业知识	山东农业知识杂志社	半月刊	1950
142	青海农技推广	青海省农业技术推广总站；青海省种子管理站	季刊	1996
143	青海农牧业	青海省畜牧总站	季刊	1984
144	上海农业科技	上海市农业科学院	双月刊	1971
145	世界热带农业信息	中国热带农业科学院	月刊	1963
146	四川农业科技	四川省农业厅；四川省农业科学院	月刊	1971
147	特种经济动植物	中国农业科学院特产研究所	月刊	1998
148	现代牧业	河南牧业经济学院	季刊	1981
149	现代农村科技	河北省农林科学院	月刊	1966
150	现代农业	内蒙古自治区农业厅	月刊	1975
151	现代农业研究	黑龙江省科技情报研究所	月刊	1995
152	新农村	浙江大学	月刊	1983
153	新农业	沈阳农业大学	半月刊	1971
154	新疆农垦科技	新疆兵团科学技术局	月刊	1978
155	新疆农业科技	新疆农业农村厅	双月刊	1979
156	云南农业	云南省农业厅	月刊	1986
157	云南农业科技	云南省农业科学院	双月刊	1972
158	中国农村科技	中国农村技术开发中心	月刊	1994
159	中国农技推广	全国农业技术推广服务中心	月刊	1985
160	中国农垦	中国农垦经济发展中心；中国农垦经济研究会	月刊	1956
161	中国农业信息	中国农学会农业信息分会；中国农业科学院农业资源与农业区划研究所	双月刊	1989
162	中国农资	中国合作时报社	周刊	1986
163	中国热带农业	中国农垦经济发展中心；农业农村部南亚热带作物开发中心	双月刊	2004

二、农业基础科学

序号	刊名	主办单位	刊期	创刊年份
1	*Pedosphere* 土壤圈	中国科学院南京土壤研究所	双月刊	1991
2	*Soil Ecology Letters*（SEL）土壤生态学快报	高等教育出版社与 SPRINGER 合办	季刊	2019
3	植物营养与肥料学报	中国植物营养与肥料学会	月刊	1994
4	土壤学报	中国土壤学会	双月刊	1948
5	中国生态农业学报（中英文）	中国科学院遗传与发育生物学研究所；中国生态经济学会	月刊	1993
6	干旱区研究	中国科学院新疆生态与地理所	双月刊	1984
7	水土保持学报	中国土壤学会；中国科学院水利部水土保持研究所	双月刊	1987
8	核农学报	中国原子能农学会；中国农业科学院农产品加工研究所	月刊	1987
9	土壤	中国科学院南京土壤研究所	双月刊	1958
10	水土保持研究	中国科学院水利部水土保持研究所	双月刊	1985
11	中国农业气象	中国农业科学院农业环境与可持续发展研究所	月刊	1979
12	中国土壤与肥料	中国农业科学院农业资源与农业区划研究所；中国植物营养与肥料学会	双月刊	1964
13	中国水土保持科学	中国水土保持学会	双月刊	2003
14	土壤通报	中国土壤学会	双月刊	1957
15	干旱地区农业研究	西北农林科技大学	双月刊	1983
16	水土保持通报	中国科学院水利部水保所；水利部水土保持监测中心	双月刊	1981
17	水土保持应用技术	辽宁省水土保持研究所	双月刊	1981
18	腐植酸	中国腐植酸工业协会	双月刊	1979
19	中国水土保持	水利部黄河水利委员会	月刊	1980
20	磷肥与复肥	郑州大学；中国磷肥工业协会	月刊	1985
21	亚热带水土保持	福建省水土保持委员会；福建省水土保持学会	季刊	1989
22	山西水土保持科技	山西省水土保持科学研究所	季刊	1974

三、农业工程

序号	刊名	主办单位	刊期	创刊年份
1	International Journal of Agricultural and Biological Engineering 国际农业与生物工程杂志	中国农业工程学会	季刊	2015
2	Artificial Intelligence in Agriculture 农业人工智能	中国科技出版传媒股份有限公司	季刊	2019
3	Information Processing in Agriculture 农业信息处理	中国农业大学	季刊	2013
4	Biochar 生物炭	沈阳农业大学	季刊	2019
5	智能化农业装备学报（中英文）	农业农村部南京农业机械化研究所	季刊	2019
6	农业工程学报	中国农业工程学会	半月刊	1985
7	农业机械学报	中国农业机械学会；中国农业机械化科学研究院	月刊	1957
8	灌溉排水学报	水利部中国农科院农田灌溉研究所；中国水利学会；中国国家灌溉排水委员会	月刊	1982
9	农机化研究	黑龙江省农业机械学会；黑龙江省农业机械工程科学研究所	月刊	1979
10	节水灌溉	中国国家灌溉排水委员会；中国灌溉排水发展中心；武汉大学；国家节水灌溉北京工程技术研究中心	月刊	1976
11	中国农机化学报	农业农村部南京农业机械化研究所	月刊	1984
12	农业工程	北京卓众出版有限公司	月刊	2011
13	新疆农机化	新疆农科院农业机械化研究所	双月刊	1985
14	农业装备与车辆工程	中国农业机械工业协会；山东省农业机械科学研究所	月刊	1963
15	农业科技与装备	辽宁省农业机械化研究所	双月刊	1979
16	拖拉机与农用运输车	洛阳拖拉机研究所；中国农业机械学会拖拉机分会	双月刊	1974
17	热带农业工程	中国热带农业科学院	双月刊	1976
18	山东农业工程学院学报	山东农业工程学院	月刊	1985

（续表）

序号	刊名	主办单位	刊期	创刊年份
19	农机科技推广	农业农村部农业机械化技术开发推广总站	月刊	2001
20	农业机械	北京卓众出版有限公司	月刊	1958
21	农村牧区机械化	内蒙古自治区农牧业机械技术推广站	双月刊	1990
22	农业装备技术	江苏大学农业装备工程研究院；江苏省镇江市农业机械技术推广站	双月刊	1975
23	南方农机	江西省农业机械研究所；江西省农机化管理局；江西省农业机械学会	半月刊	1970
24	农业开发与装备	农业农村部南京农业机械化研究所	月刊	1995
25	江苏农机化	江苏省农业机械试验鉴定站	双月刊	1985
26	北京农业工程大学学报	北京农业工程大学	季刊	1981
27	当代农机	山西省农机发展中心；山西省农机学会；山西省农机研究所	月刊	1972
28	福建农机	福建省机械科学研究院；福建省农机管理局；福建省农业机械学会	季刊	1980
29	广西农业机械化	广西农机化管理中心	双月刊	1979
30	贵州农机化	贵州农机化杂志社	季刊	1976
31	河北农机	河北省农业机械化研究所；河北省农机学会	月刊	1975
32	农机质量与监督	农业农村部农机机械试验鉴定总站	月刊	1983
33	农机使用与维修	农业农村部农机维修研究所	月刊	1973
34	农业技术与装备	山西省农机化技术推广总站；山西省农机安全监理总站	月刊	1985
35	山东农机化	山东农业工程学会	双月刊	1979
36	时代农机	湖南省农业机械管理局	双月刊	1977
37	四川农业与农机	四川省农业机械研究院	双月刊	1977
38	现代农机	浙江省农机管理局；浙江万里学院	双月刊	1983
39	现代农业装备	广东省现代农业装备研究所	双月刊	1980
40	西部大开发（土地开发工程研究）	陕西省决策咨询委员会	月刊	2000
41	智慧农业（中英文）	中国农业科学院农业信息研究所	季刊	2019
42	中国农机监理	中国农机安全报社	月刊	2002

附录　我国农业科技期刊名录

（续表）

序号	刊　名	主办单位	刊期	创刊年份
43	中国农业文摘-农业工程	中国农业大学	双月刊	1989
44	农业大数据学报	中国农业科学院农业信息研究所	季刊	2019
45	农业工程技术	中国农业工程研究设计院；农业农村部规划设计研究院；中国农业工程学会	旬刊	1980

四、农艺学

序号	刊　名	主办单位	刊期	创刊年份
1	植物遗传资源学报	中国农业科学院作物科学研究所；中国农学会	双月刊	2000
2	分子植物育种	海南省生物工程协会	半月刊	2003
3	粮食储藏	国家粮食储备局成都粮食储藏科研所；中国粮油学会储藏专业分会	双月刊	1972
4	粮油仓储科技通讯	国家粮食储备局成都粮食储藏科学研究所	双月刊	1985
5	耕作与栽培	贵州省农作物学会；贵州省农业技术推广总站	双月刊	1981
6	乡村科技	河南省科学技术信息研究院	旬刊	2010

五、植物保护

序号	刊　名	主办单位	刊期	创刊年份
1	Phytopathology Research 植物病理学报（英文版）	中国植物病理学会	季刊	2018
2	Insect Science 昆虫科学	中国昆虫学会	双月刊	1994
3	农药学学报	中国农业大学	双月刊	1999
4	植物保护学报	中国植物保护学会	双月刊	1962
5	中国生物防治学报	中国农业科学院植物保护研究所；中国植物保护学会	双月刊	1985

(续表)

序号	刊名	主办单位	刊期	创刊年份
6	昆虫学报	中国科学院动物所；中国昆虫学会	月刊	1950
7	植物保护	中国植物保护学会；中国农业科学院植物保护研究所	双月刊	1963
8	植物病理学报	中国植物病理学会	双月刊	1955
9	应用昆虫学报	中国昆虫学会；中国科学院动物研究所	双月刊	1955
10	杂草学报	江苏省杂草研究会；江苏省农业科学院植物保护研究所	季刊	1983
11	农药	沈阳化工研究院	月刊	1958
12	环境昆虫学报	广东省昆虫学会；中国昆虫学会	双月刊	1979
13	生物安全学报	中国植物保护学会；福建省昆虫学会	季刊	1992
14	中国植保导刊	农业农村部全国农业技术推广服务中心	月刊	1980
15	现代农药	江苏省农药协会；江苏省农药科技信息站；江苏省农药研究所股份有限公司	双月刊	2002
16	农药科学与管理	农业农村部农药检定所	月刊	1980
17	世界农药	中国农药工业协会	月刊	1979
18	生物灾害科学	江西农业大学；江西省昆虫学会；江西省植保学会；江西省植病学会	季刊	1978
19	植物检疫	中国检验检疫科学研究院；中国植物保护学会	双月刊	1979
20	武夷科学	福建农林大学作物病虫生物防治研究所	半年	1981
21	广西植保	广西区植保总站	季刊	1987
22	湖北植保	湖北省植物保护总站；湖北省植物保护学会	双月刊	1989
23	农业灾害研究	江西省农业科学院	双月刊	2011
24	植物医生	西南大学	双月刊	1985

六、农作物

序号	刊名	主办单位	刊期	创刊年份
1	Crop Journal 作物学报（英文版）	中国作物学会；中国农业科学院作物科学研究所	双月刊	2013
2	Rice Science	中国水稻研究所	双月刊	1990
3	Journal of Cotton Research 棉花研究	中国农业科学院棉花研究所；中国农学会	季刊	2017
4	Oil Crop Science 油料作物科学	中国农业科学院油料作物研究所	季刊	2016
5	Grain & Oil Science and Technology 粮油科学与技术	河南工业大学	季刊	2018
6	作物学报	中国作物学会	月刊	1950
7	中国水稻科学	中国水稻研究所	双月刊	1986
8	茶叶科学	中国茶叶学会；中国农业科学院茶叶研究所	双月刊	1964
9	棉花学报	中国农学会	双月刊	1974
10	麦类作物学报	西北农林科技大学；中国作物学会；国家小麦工程技术研究中心	月刊	1981
11	土壤与作物	中国科学院东北地理与农业生态研究所	季刊	2012
12	作物杂志	中国作物学会；中国农业科学院作物科学研究所	双月刊	1985
13	玉米科学	吉林省农业科学院；国家玉米工程技术研究中心（吉林）；国家玉米改良中心；中国农业科技东北创新中心	双月刊	1992
14	中国油料作物学报	中国农业科学院油料作物研究所	双月刊	1979
15	中国烟草学报	中国烟草学会	双月刊	1992
16	中国烟草科学	中国农业科学院烟草研究所；中国烟草总公司青州烟草研究所	双月刊	1979
17	大豆科学	黑龙江省农业科学院	双月刊	1982
18	花生学报	山东省花生研究所	季刊	1972
19	中国稻米	中国水稻研究所	双月刊	1994

(续表)

序号	刊名	主办单位	刊期	创刊年份
20	中国马铃薯	中国作物学会马铃薯专业委员会；东北农业大学	双月刊	1987
21	茶叶学报	福建省农业科学院茶叶研究所	季刊	1960
22	中国糖料	黑龙江大学	季刊	1979
23	作物研究	湖南省作物学会；湖南农业大学	双月刊	1984
24	中国棉花	中国农业科学院棉花研究所	月刊	1958
25	中国麻业科学	中国农业科学院麻类研究所	双月刊	1979
26	棉花科学	江西省棉花研究所	双月刊	1979
27	种子	贵州农业职业学院；贵州省种子管理站	月刊	1981
28	茶叶	浙江省茶叶学会；中国茶叶博物馆	季刊	1957
29	茶叶通讯	湖南省茶叶学会	季刊	1962
30	中国种业	中国农业科学院作物科学研究所；中国种子协会	月刊	1982
31	杂交水稻	国家杂交水稻工程技术研究中心；湖南杂交水稻研究中心	双月刊	1986
32	大豆科技	国家大豆工程技术研究中心	双月刊	1993
33	大麦与谷类科学	江苏沿海地区农业科学研究所	双月刊	1984
34	广西糖业	广西壮族自治区农业科学院甘蔗研究所；广西甘蔗学会；广西制糖学会	双月刊	1995
35	园艺与种苗	辽宁省农业科学院	月刊	1981
36	茶业通报	安徽省茶业学会	季刊	1957
37	北方水稻	辽宁省盐碱地利用研究所	双月刊	1985
38	福建稻麦科技	福建省农科院稻麦研究所	季刊	1983
39	茶道	福建日报报业集团	月刊	2006
40	种业导刊	河南省农业科学院农业经济信息研究所	双月刊	1981
41	种子科技	山西省种子协会；山西科技新闻出版传媒集团	半月刊	1983

七、园艺学

序号	刊名	主办单位	刊期	创刊年份
1	Horticulture Research 园艺研究	南京农业大学	双月刊	2014
2	Plant Phenomics 植物表型组学	南京农业大学	季刊	2019
3	Horticultural Plant Journal 园艺学报（英文版）	中国园艺学会	双月刊	2015
4	园艺学报	中国园艺学会；中国农业科学院蔬菜花卉研究所	月刊	1962
5	果树学报	中国农业科学院郑州果树研究所	月刊	1984
6	中国果树	中国农业科学院果树研究所	双月刊	1959
7	草原与草坪	中国草原学会；甘肃农业大学	双月刊	1981
8	食药用菌	浙江省食用菌协会	双月刊	1982
9	中国蔬菜	中国农业科学院蔬菜花卉研究所	月刊	1981
10	食用菌学报	上海市农业科学院食用菌研究所；中国农学会	季刊	1994
11	中外葡萄与葡萄酒	山东省葡萄研究院	双月刊	1976
12	北方园艺	黑龙江省园艺学会；黑龙江省农业科学院编辑出版中心	半月刊	1977
13	亚热带植物科学	福建省亚热带植物研究所	季刊	1972
14	中国瓜菜	中国农业科学院郑州果树研究所	月刊	1988
15	中国南方果树	中国农业科学院柑橘研究所	双月刊	1972
16	中国食用菌	中国食用菌协会；中华全国供销合作总社昆明食用菌研究所；全国食用菌科技情报中心站	月刊	1982
17	食用菌	上海农科院	双月刊	1979
18	落叶果树	山东省果树研究所；山东农业大学园艺学院	双月刊	1966
19	南方园艺	广西特色作物研究院	双月刊	1990
20	东南园艺	福建省农科院果树研究所；福建省农业厅种植业管理局	双月刊	1973
21	北方果树	辽宁省果树科学研究所；沈阳农业大学园艺学院；辽宁省果树学会	双月刊	1978

续表

序号	刊名	主办单位	刊期	创刊年份
22	长江蔬菜	长江蔬菜杂志社	半月刊	1984
23	果农之友	中国农业科学院郑州果树研究所	月刊	2000
24	果树实用技术与信息	中国农业科学院果树研究所	月刊	1994
25	果树资源学报	山西省农业科学院果树研究所	双月刊	1980
26	河北果树	河北省果树学会	季刊	1989
27	花卉	广东省农业科学院环境园艺研究所	半月刊	1985
28	花木盆景（花卉园艺）	湖北省绿化委员会	月刊	1984
29	花木盆景（盆景赏石）	湖北省绿化委员会	月刊	1984
30	吉林蔬菜	吉林省蔬菜花卉所	月刊	1974
31	辣椒杂志	辣椒新品种技术研究推广中心	季刊	2001
32	南方农业（园林花卉版）	重庆市农业科学院	双月刊	2007
33	上海蔬菜	上海蔬菜经济研究会；上海市农业科学院	双月刊	1987
34	蔬菜	北京农业科学院农业科技信息研究所；国家蔬菜工程技术研究中心	月刊	1982
35	现代园艺	江西省经济作物局；江西省双金柑橘试验站	半月刊	1978
36	西北园艺（果树）	陕西农业杂志社	双月刊	1988
37	西北园艺（综合）	陕西农业杂志社	双月刊	1988
38	烟台果树	山东省烟台市农科院果树研究所	季刊	1980
39	浙江柑橘	浙江省柑橘研究所；浙江省农业厅经济作物管理局	季刊	1984
40	中国果菜	中华全国供销总社济南果品研究院；中国果蔬贮藏加工技术研究中心；山东省供销合作社联合社	月刊	1982
41	中国果业信息	中国农业科学院柑橘研究所	月刊	1985
42	中国花卉园艺	中国花卉协会	半月刊	2001

八、林业

序 号	刊 名	主办单位	刊 期	创刊年份
1	Journal of Forestry Research 林业研究	东北林业大学	双月刊	1990
2	Forest Ecosystems 森林生态系统	北京林业大学	季刊	1994
3	Chinese Forestry Science and Technology 中国林业科技	中国林业科学研究院	季刊	2002
4	Avian Research 鸟类研究	北京林业大学	季刊	2010
5	林业工程学报	南京林业大学	双月刊	1987
6	中南林业科技大学学报	中南林业科技大学	月刊	1981
7	林业科学	中国林学会	月刊	1955
8	北京林业大学学报	北京林业大学	月刊	1979
9	森林工程	东北林业大学	双月刊	1985
10	经济林研究	中南林业科技大学	季刊	1983
11	南京林业大学学报（自然科学版）	南京林业大学	双月刊	1958
12	西北林学院学报	西北农林科技大学	双月刊	1984
13	森林与环境学报	中国林学会；福建农林大学	双月刊	1960
14	林业科学研究	中国林业科学研究院	双月刊	1988
15	浙江农林大学学报	浙江农林大学	双月刊	1984
16	东北林业大学学报	东北林业大学	月刊	1957
17	世界林业研究	中国林科院林业科技信息研究所	双月刊	1988
18	中国城市林业	中国林业科学研究院	双月刊	2003
19	西南林业大学学报（自然科学）	西南林业大学	双月刊	1981
20	林业资源管理	国家林业局调查规划设计院	双月刊	1972
21	林业与环境科学	广东省林业科学研究院；广东省林学会	双月刊	1985
22	湿地科学与管理	中国林业科学研究院	季刊	1992
23	世界竹藤通讯	国家林业局科技处	双月刊	2003
24	林业与生态科学	河北农业大学	季刊	1986

(续表)

序号	刊名	主办单位	刊期	创刊年份
25	中国森林病虫	国家林业局森林病虫害防治总站	双月刊	1982
26	广西林业科学	广西林业科学研究院	季刊	1971
27	西部林业科学	云南省林业科学院；云南省林学会	双月刊	1972
28	浙江林业科技	浙江省林业科学研究院；浙江省林学会；浙江省林业科技情报中心	双月刊	1972
29	南方林业科学	江西省林业科学院；江西省林学会	双月刊	1973
30	湖南林业科技	湖南省林业科学院；湖南省林学会；湖南省林业厅科技信息中心	双月刊	1974
31	江苏林业科技	江苏省林业科学研究院；江苏林业科技情报中心	双月刊	1974
32	福建林业科技	福建省林学会；福建省林业科学研究院	季刊	1974
33	竹子学报	国家林业局竹子研究开发中心；中国林学会竹子分会；浙江省林业科学研究院	季刊	1982
34	林业科技	黑龙江省林业科学院	双月刊	1972
35	桉树科技	国家林业局桉树研究开发中心	季刊	1978
36	内蒙古林业科技	内蒙古林业科学研究院	季刊	1972
37	四川林业科技	四川省林学会；四川省林科院	双月刊	1971
38	中国林业经济	中国林业经济学会；东北林业大学	双月刊	1993
39	陕西林业科技	陕西省林学会；西北农林科技大学；陕西省林业研究中心	双月刊	1973
40	山东林业科技	山东省林业科学研究所；山东林学会	双月刊	1971
41	贵州林业科技	贵州省林业科学研究院；贵州省林学会	季刊	1973
42	林业科技通讯	中国林业科学研究院林业科技信息研究所	月刊	1958
43	湖北林业科技	湖北省林业科学研究院	双月刊	1972
44	热带林业	海南省林学会；海南省林业科学研究所	季刊	1973
45	中国林副特产	黑龙江省林副特产研究所	双月刊	1986
46	甘肃林业科技	甘肃省林业科学研究所；甘肃省林学会	季刊	1979

（续表）

序号	刊名	主办单位	刊期	创刊年份
47	辽宁林业科技	辽宁省林业科学研究院；辽宁省林学会	双月刊	1974
48	河北林业科技	河北省林业科学研究院	季刊	1973
49	吉林林业科技	吉林省林业科学研究院	双月刊	1972
50	防护林科技	黑龙江省森林与环境科学研究院；国家林业局三北防护林建设局；黑龙江省三北林业建设指导站	月刊	1983
51	中南林业调查规划	国家林业局中南林业调查规划设计院	季刊	1982
52	国土绿化	全国绿化委员会办公室	月刊	1985
53	水资源开发与管理	中国水利工程协会	月刊	2003
54	山西林业科技	山西省林业科学研究所；山西省林学会	季刊	1972
55	黑龙江生态工程职业学院学报	黑龙江生态工程职业学院	双月刊	1985
56	内蒙古林业调查设计	内蒙古自治区森林经理学会；内蒙古自治区林业监测规划院；内蒙古自治区第二林业监测规划院；内蒙古自治区大兴安岭森林调查规划院	双月刊	1978
57	林业科技情报	黑龙江省林业设计研究院	季刊	1973
58	山西林业	山西省生物多样性研究中心	双月刊	1980
59	林业勘查设计	黑龙江省森林经理学会；黑龙江省森林资源管理局	季刊	1972
60	河南林业科技	河南省林业科学研究院	季刊	1981
61	福建林业	福建省林业科学研究院	双月刊	1985
62	广西林业	广西壮族自治区林业局	月刊	1982
63	国际木业	中国林科院科信所	双月刊	2002
64	河北林业	河北省林业宣传中心	月刊	1983
65	林业与生态	湖南省林业科技推广总站	月刊	1953
66	内蒙古林业	内蒙古自治区林业厅	月刊	1956
67	宁夏林业	宁夏林业厅	双月刊	1982
68	四川林勘设计	四川省林业勘察设计研究院	季刊	1979
69	温带林业研究	国家林业局哈尔滨机械研究所	季刊	2018

(续表)

序号	刊名	主办单位	刊期	创刊年份
70	新疆林业	新疆维吾尔自治区林业宣传信息中心	双月刊	1975
71	园林	上海市园林科学规划研究院；中国风景园林学会	月刊	1984
72	云南林业	云南省林业厅宣传中心	月刊	1958
73	中国林业	中国绿色时报社	月刊	1950

九、畜牧与动物医学

序号	刊名	主办单位	刊期	创刊年份
1	Journal of Animal Science and Biotechnology 畜牧与生物技术杂志	中国畜牧兽医学会	季刊	2010
2	Animal Nutrition 动物营养	中国畜牧兽医学会	季刊	2015
3	Animal Diseases 动物疾病	华中农业大学	季刊	2020
4	草业学报	中国草业学会	月刊	1990
5	草业科学	中国草学会；甘肃省草原生态研究所	月刊	1984
6	动物营养学报	中国畜牧兽医学会	月刊	1989
7	中国草地学报	中国农业科学院草原研究所；中国草学会	双月刊	1979
8	草地学报	中国草学会	双月刊	1991
9	畜牧兽医学报	中国畜牧兽医学会	月刊	1974
10	中国畜牧兽医	中国农业科学院畜牧研究所	月刊	1974
11	中国兽医学报	吉林大学	月刊	1981
12	经济动物学报	吉林农业大学	季刊	1979
13	中国饲料	中国饲料工业协会	半月刊	1990
14	中国畜牧杂志	中国畜牧兽医学会	月刊	1953
15	中国预防兽医学报	中国农业科学院哈尔滨兽医研究所	月刊	1979
16	中国兽医科学	中国农业科学院兰州兽医研究所	月刊	1971
17	动物医学进展	西北农林科技大学	月刊	1980

（续表）

序号	刊名	主办单位	刊期	创刊年份
18	草原与草坪	中国草原学会；甘肃农业大学	双月刊	1981
19	家畜生态学报	西北农业大学；中国畜牧兽医学会家畜生态学分会	月刊	1980
20	中国动物传染病学报	中国农业科学院上海兽医研究所	双月刊	1993
21	中国家禽	中国畜牧业协会；中国农业科学院家禽研究所；江苏省家禽科学研究所	月刊	1979
22	饲料工业	辽宁省农牧业机械研究所	半月刊	1980
23	中国动物检疫	中国动物卫生与流行病学中心	月刊	1982
24	中国奶牛	中国奶业协会	月刊	1983
25	中国兽药杂志	中国兽医药品监察所	月刊	1955
26	中国草食动物科学	中国农业科学院兰州畜牧与兽药研究所	双月刊	1981
27	饲料研究	北京市营养源研究所	月刊	1978
28	草原与草业	内蒙古自治区草原学会；内蒙古自治区草原工作站	季刊	1987
29	现代畜牧兽医	辽宁省畜牧兽医学会；辽宁省动物卫生监测预警中心	月刊	1972
30	畜牧与兽医	南京农业大学	月刊	1950
31	养猪	东北养猪研究会	双月刊	1986
32	乳业科学与技术	上海奶业行业协会	双月刊	1978
33	中国猪业	中国农科院农业信息研究所	双月刊	2006
34	草食家畜	新疆畜牧科学院	双月刊	1980
35	饲料博览	东北农业大学；黑龙江省饲料工业协会	月刊	1988
36	畜牧与饲料科学	内蒙古农牧业科学院	双月刊	1973
37	中国兽医杂志	中国畜牧兽医学会	月刊	1953
38	黑龙江畜牧兽医	黑龙江省畜牧局；黑龙江省畜牧兽医学会	月刊	1953
39	中国牛业科学	西北农业科技大学；中国畜牧兽医学会养牛学分会；中国良种黄牛育种委员会	双月刊	1975
40	中兽医医药杂志	中国农业科学院中兽医研究所	双月刊	1982

(续表)

序号	刊名	主办单位	刊期	创刊年份
41	猪业科学	天津市农业发展服务中心；天津市畜牧兽医研究所；天津市畜牧兽医学会	月刊	1984
42	草学	四川省草原科学研究院	双月刊	1980
43	湖南饲料	湖南省饲料工业协会	双月刊	1991
44	广东饲料	广东省饲料工业协会	月刊	1992
45	青海草业	青海省草原学会；青海省草原总站	季刊	1992
46	上海畜牧兽医通讯	上海市农业科学院畜牧兽医研究所	双月刊	1956
47	广东畜牧兽医科技	广东省畜牧兽医学会；广东省农业科学院畜牧研究所；广东省农业科学院兽医研究所	双月刊	1976
48	畜牧兽医杂志	西北农林科技大学	双月刊	1982
49	畜牧产业	中国畜牧业协会	月刊	1987
50	青海畜牧兽医杂志	青海省畜牧兽医科学院	双月刊	1971
51	国外畜牧学（猪与禽）	上海农业科学院畜牧兽医研究所	月刊	1983
52	中国动物保健	中国乡镇企业协会；中美欧畜牧科学研究院	月刊	1999
53	甘肃畜牧兽医	甘肃农业杂志社	月刊	1970
54	粮油与饲料科技	江西省饲料学会；江西省粮油集团有限公司	双月刊	1994
55	北方牧业	中国畜牧兽医学会	半月刊	2003
56	当代畜牧	北京市华都集团有限责任公司（原北京市畜牧局）	月刊	1983
57	当代畜禽养殖业	内蒙古农牧牧科学院	月刊	1980
58	福建畜牧兽医	福建省农科院畜牧兽医研究所；福建省畜牧兽医学会；福建省农业厅畜牧兽医局；福建农林大学动物科学学院；福建省畜牧兽医总站	双月刊	1979
59	广西畜牧兽医	广西壮族自治区畜牧总站；广西畜牧兽医学会	双月刊	1985
60	贵州畜牧兽医	贵州省畜牧兽医科研所；贵州省畜牧局；贵州省畜牧兽医学会	双月刊	1976
61	黑龙江动物繁殖	黑龙江省农业科学院	双月刊	1993
62	河南畜牧兽医（综合版）	河南省畜牧局；河南省畜牧兽医学会	月刊	1978

(续表)

序号	刊名	主办单位	刊期	创刊年份
63	湖北畜牧兽医	湖北省农业科学院畜牧兽医研究所；湖北省畜牧局	月刊	1980
64	湖南畜牧兽医	湖南省畜牧兽医研究所；湖南省畜牧兽医学会	双月刊	1979
65	江西畜牧兽医杂志	江西省畜牧技术推广站；江西省畜牧兽医学会	双月刊	1982
66	家禽科学	山东畜牧兽医学会家禽专业委员会；山东省农业科学院家禽研究所	月刊	1979
67	吉林畜牧兽医	吉林省畜牧兽医工作总站	月刊	1979
68	今日畜牧兽医	河北省畜牧兽医学会；北方牧业杂志社	月刊	1985
69	今日养猪业	北京市农林科学院农业科技信息研究所	双月刊	2004
70	犬业科技	《养犬》编辑部	季刊	1990
71	山东畜牧兽医	山东畜牧兽医学会；山东农业大学	月刊	1980
72	兽医导刊	内蒙古自治区兽医学会；内蒙古自治区兽医工作站	半月刊	1978
73	四川畜牧兽医	四川省畜牧食品局	月刊	1973
74	现代畜牧科技	黑龙江省畜牧研究所	月刊	1973
75	新疆畜牧业	新疆维吾尔自治区畜牧厅	双月刊	1985
76	畜牧兽医科技信息	中国农业科学院哈尔滨兽医研究所	月刊	1985
77	畜牧兽医科学（电子版）	北京卓众出版有限公司	半月刊	2017
78	畜牧业环境	中国饲料工业协会	月刊	1985
79	畜禽业	四川省科学技术厅四川省科学技术信息研究所	月刊	1990
80	养禽与禽病防治	广州华南农业大学动物医学系	月刊	1982
81	养殖与饲料	华中农业大学	月刊	2002
82	云南畜牧兽医	云南省畜牧兽医科学研究所；云南省畜牧兽医学会	双月刊	1972
83	浙江畜牧兽医	浙江省畜牧兽医学会	双月刊	1955
84	中国工作犬业	中国工作犬管理协会；公安部南京警犬研究所	月刊	1985
85	中国禽业导刊	中国农科院家禽研究所	月刊	1985

(续表)

序号	刊名	主办单位	刊期	创刊年份
86	中国畜牧业	全国畜牧总站；中国动物疫病预防控制中心；中国牧工商（集团）总公司	半月刊	1992
87	中国畜禽种业	中国农业科学院农业信息研究所	月刊	1985
88	中国养兔杂志	江苏省畜牧总站；中国畜牧业协会；江苏畜牧兽医职业技术学院	双月刊	1982
89	中兽医学杂志	江西省中兽医研究所；中国畜牧兽医学会；中兽医学分会	双月刊	1957
90	猪业观察	农民日报社；中国畜牧兽医学会	双月刊	1996

十、蚕蜂与野生动物保护

序号	刊名	主办单位	刊期	创刊年份
1	蚕业科学	中国蚕学会；中国农业科学院蚕业研究所	双月刊	1963
2	中国蚕业	中国农业科学院蚕业研究所	季刊	1980
3	野生动物学报	东北林业大学；中国动物园协会	季刊	1979
4	江苏蚕业	江苏苏豪传媒有限公司；江苏省蚕桑学会	季刊	1979
5	北方蚕业	西北农林科技大学	季刊	1980
6	蚕桑通报	浙江省蚕桑学会	季刊	1954
7	蚕学通讯	重庆市蚕桑学会；西南大学	季刊	1982
8	蜜蜂杂志	云南省农业科学院	月刊	1981
9	中国蜂业	中国农业科学院蜜蜂研究所；中国养蜂学会	月刊	1934
10	广东蚕业	广东省蚕学会	月刊	1959
11	蚕桑茶叶通讯	江西省蚕茶叶研究所	双月刊	1976
12	山东蚕业	山东蚕学会；山东省丝绸总公司；山东省蚕业研究所	季刊	1970
13	四川蚕业	四川省蚕丝学会	季刊	1972

十一、水产和渔业

序号	刊名	主办单位	刊期	创刊年份
1	Journal of Ocean University of China 中国海洋大学学报（英文版）	中国海洋大学	双月刊	2002
2	Aquaculture and Fisheries 渔业学报	中国水产学会	双月刊	2015
3	南方水产科学	南海水产研究所	双月刊	1963
4	水产学报	中国水产学会	月刊	1964
5	水生态学杂志	水利部中国科学院水工程生态研究所	月刊	1981
6	水生生物学报	中国科学院水生生物研究所；中国海洋湖沼学会	双月刊	1955
7	大连海洋大学学报	大连海洋大学	双月刊	1980
8	中国水产科学	中国水产科学研究院	月刊	1994
9	渔业科学进展	中国水产学会	双月刊	1980
10	海洋渔业	中国水产学会；中国水产研究院东海水产研究所；中国科技出版传媒股份有限公司	双月刊	1979
11	上海海洋大学学报	上海海洋大学	双月刊	1992
12	渔业现代化	中国水产科学研究院；中国水产科学研究院渔业机械仪器研究所	双月刊	1973
13	中国渔业质量与标准	中国水产科学研究院	双月刊	2011
14	淡水渔业	中国水产学会；长江水产研究所	双月刊	1971
15	水产科学	辽宁省水产学会	双月刊	1981
16	渔业研究	福建省水产学会；福建省水产研究所	双月刊	1979
17	渔业信息与战略	中国水产科学研究院东海水产研究所	季刊	1986
18	水产学杂志	中国水产科学研究院；黑龙江水产研究所	双月刊	1988
19	海洋湖沼通报	山东（暨青岛市）海洋湖沼学会	双月刊	1979
20	水产科技情报	上海市水产学会；上海市水产研究所；上海市水产技术推广站	双月刊	1973
21	河北渔业	河北省水产学会；河北省水产技术推广站	月刊	1973

(续表)

序号	刊名	主办单位	刊期	创刊年份
22	水产养殖	江苏省水产学会等	月刊	1980
23	科学养鱼	中国水产学会；全国水产技术推广总站；中国水产科学研究院；淡水渔业研究中心	月刊	1985
24	江西水产科技	江西省水产学会；江西省水产科学研究所	双月刊	1974
25	当代水产	湖南省水产研究所；湖南省水产学会	月刊	1972
26	海洋与渔业	广东省海洋与渔业服务中心；广东省水产技术推广总站	月刊	2000
27	黑龙江水产	黑龙江省渔业经济研究所；黑龙江省渔业协会	双月刊	1982
28	河南水产	河南省水产科学研究院	双月刊	1989
29	齐鲁渔业	山东水产学会；山东省渔经会	月刊	1984
30	水族世界	全国水产技术推广总站；广东省水族协会；中国水产学会观赏鱼分会	双月刊	2003
31	渔业致富指南	湖北省水产科学研究所；湖北省渔业科普协会	半月刊	1998
32	中国水产	全国水产技术推广总站	月刊	1958

后　　记

　　岁月如梭，光阴似箭，时光在笔尖的颤动中匆匆而去。蓦然回首，我从事科技期刊编辑工作已有32个年头了。回首走过的路，默默坚守，无怨无悔，虽然少不了坎坷与艰辛，但那些岁月所留下的深深浅浅的足印也记载着几多收获与喜悦，并在不断探索与求变中迈出砥砺前行的足音。

　　在学术期刊出版领域，素来有"编辑学者化"和"学者编辑化"之争，虽然两派的观点不同，但都认同编辑应该开展学术研究，提高编辑自身的学术素养，藉此提高学术期刊的品位和质量。基于此，笔者在繁忙的编辑工作之余，注重"编、学、研"结合，注意拓展自己的学术视野，积极开展软科学研究，涉及领域包括科技期刊编辑出版理论、农业科技信息传播，以及闽台农业科技发展比较等，多年来主持省级以上软科学科研项目7项，获得华东地区科技情报成果奖二等奖1项、三等奖1项，发表学术论文60多篇，出版专著1部、编著1部。

　　本书主要内容来源于笔者多年来在《编辑学报》《中国科技期刊研究》《中国出版》《科技与出版》等出版类专业期刊上发表的论文，以及在全国性和地区性期刊发展研讨会所做的学术报告。这些文章是笔者长期从事编辑工作的研究与探索，既有编辑出版理论和办刊理念的思考，也有审稿和编辑加工实践的经验总结，既有农业科学和相关地区科技期刊的统计与分析，又有农业科技期刊质量评价和融合出版的实践。为了适应新时期科技期刊的发展，笔者对原有文章进行了大幅度的修改和补充，更新统计数据，润色语言表述，并撰写若干新的章节；修订后的书稿包括农业科技期刊发展现状、策划组稿、稿件审评、编辑加工、质量评价和数字化发展6个部分。

　　本书的出版得到了福建省科技计划公益类项目（2016R1015-1、2019R1033-9、2020R1033002）和福建省农业科学院科研管理创新团队专项（STIT2017-3-7）的资助。书稿在撰写和加工过程中，得到福建省农业科学院农业经济与科技信息研究所池敏青副研究员、林海清副编审和张梅编辑的许多帮助，福建农林大学张婷老师协助整理附录部分，在此谨表示衷心的感谢！

限于水平和时间,加之目前我国科技期刊正处于新的发展和变革时期,不少问题有待进一步深入探讨。因此,书中如有缺漏和不足之处,恳请专家、同仁们批评指正。

2020 年 12 月于福州